Joscha Falck

Lernförderliches Feedback im Unterricht

Anregungen und Beispiele für eine effektive Rückmeldekultur – mit klassischen und digitalen Tools

Joscha Falck ist Mittelschullehrer und Schulentwicklungsmoderator in Mittelfranken. Darüber hinaus ist er als Lehrbeauftragter der Universität Bamberg (Lehrstuhl Allgemeine Pädagogik) sowie als Fortbildner, Referent und Autor tätig. Seine inhaltlichen Schwerpunkte sind: Digitale Medien, Schul- und Unterrichtsentwicklung, Didaktik des digital gestützten Unterrichtens, digitale Transformation an Schulen. Kontakt: www.joschafalck.de

Wir verwenden in unseren Werken eine genderneutrale Sprache, damit sich alle gleichermaßen angesprochen fühlen. Wenn keine neutrale Formulierung möglich ist, nennen wir die weibliche und die männliche Form. In Fällen, in denen wir aufgrund einer besseren Lesbarkeit nur ein Geschlecht nennen können, achten wir darauf, den unterschiedlichen Geschlechtsidentitäten gleichermaßen gerecht zu werden.

2. Auflage 2024

AAP Lehrerwelt GmbH
Veritaskai 3
21079 Hamburg
Telefon: +49 (0) 40325083-040
E-Mail: info@lehrerwelt.de
Geschäftsführung: Andrea Fischer, Sandra Saghbazarian
USt-ID: DE 173 77 61 42
Register: AG Hamburg HRB/126335

Autorschaft:	Joscha Falck
Covergestaltung:	TSA&B Werbeagentur GmbH, Hamburg
Coverfoto:	© Prostock-studio – stock.adobe.com
Illustrationen:	Falko Honnen, Elisabeth Lottermoser, Katharina Reichert-Scarborough, Kristina Klotz, Steffen Jähde, Julia Flasche, Corina Beurenmeister
Satz:	Typographie & Computer, Krefeld
Druck und Bindung:	Korrekt Nyomdaipari Kft., Budapest

ISBN/Bestellnummer: 978-3-403-20925-6
www.persen.de

Inhaltsverzeichnis

Vorwort: Digitale Medien als Chance für eine echte Feedback-Kultur in der Schule

Als ich mit der Arbeit an diesem Buch begonnen habe, fragte ich mich, ob es tatsächlich noch eine Abhandlung zum Thema Feedback in der Schule braucht. Immerhin ist das Thema aus schulpädagogischer Sicht weder neu noch unzureichend bearbeitet. Zudem dürfte wohl jede Lehrkraft um die Bedeutung von Feedback für den Lernfortschritt der Schülerinnen und Schüler wissen – und spätestens seit der sog. Hattie-Studie ist dieses Wissen empirisch auch mehr als ausreichend untermauert.
Gleichwohl zeigt sich bei näherem Hinsehen eine Diskrepanz zwischen der eindeutigen Forschungslage, in der die Wirksamkeit von Feedback in Lehr-/Lernsituationen wieder und wieder betont wird, und der Unterrichtspraxis an Schulen, bei der Feedback zwar Bestandteil jeder Unterrichtsstunde ist, aber eher beiläufig und i. d. R. unsystematisch geschieht. Stattdessen sollte und müsste Feedback häufiger bewusst, zielgerichtet und lernprozessbegleitend eingesetzt werden, stets mit Blick darauf, das Lernen von Schülerinnen und Schülern zu verbessern. Dazu gehört auch, Feedback methodisch vielseitiger und im Sinne Hatties „umfassender" zu gestalten.
Über die Ursache dieser Diskrepanz zwischen theoretischer Forderung und praktischer Umsetzung kann ich letztlich nur spekulieren. Aus meiner eigenen Erfahrung als Lehrer, Schulentwickler und Fortbildner weiß ich jedoch, dass Feedback zwar irgendwie allgegenwärtig und trotzdem (oder vielleicht gerade deshalb?) in vielerlei Hinsicht ein schwer zu greifendes Thema ist. Neben verschiedenen Beteiligten, die in wechselseitigen Beziehungsverhältnissen an Schulen arbeiten und lernen, hat Feedback mehrere Ebenen, beansprucht Zeit und Planung und erfordert einen didaktischen Ort sowie letztlich auch ein Ziel, vor dessen Hintergrund dann mit den erhobenen Informationen weitergearbeitet wird. Feedback ist damit weit mehr als eine Unterrichtsmethode, dessen Ebenen man erst einmal sortiert bekommen muss.

Ohne Feedback können sich Schule und Unterricht nur schwer weiterentwickeln

Ein zeitgemäßer Unterricht, der sich an Wissenschaft und Forschung zu orientieren versucht, kann nicht ohne Feedback auskommen. Lernen als Beziehungsgeschehen braucht den Dialog, Lernende benötigen Rückmeldungen für den eigenen Lernprozess und Lehrkräfte benötigen Rückmeldungen über ihren Unterricht, um diesen stetig zu verbessern. Darüber hinaus gehört Feedback zur Schulentwicklung, sollte ein fester Baustein in der Zusammenarbeit zwischen Kollegium und Schulleitung sein und stellt einen zentralen Bestandteil der Kooperation zwischen Elternhaus und Schule dar. Um es kurz zu machen: Ohne Feedback können sich Schule und Unterricht nur schwer weiterentwickeln.
Feedback ist damit sowohl ein Instrument der Beziehungsgestaltung und eine zielführende Methode, um Schülerinnen und Schüler in ihren Lernprozessen zu fördern, als auch ein effektiver Ansatz der Schul- und Unterrichtsentwicklung. Damit ist gemeint, Feedback auf allen schulischen Ebenen als zielgerichtetes Instrument zur Verbesserung von Lernen, Unterrichten und Zusammenarbeiten zu etablieren und regelmäßig zu nutzen.
Das kann mit bewährten und analogen Feedback-Konzepten gelingen. Aus verschiedenen Gründen sind diese Instrumente jedoch schwerfällig, aufwendig in der Erstellung und noch aufwendiger in der Auswertung. Zudem sind die erhobenen Daten

nicht anschlussfähig, übertragbar, können nur schwer eingesehen werden, erfordern eine zeitintensive digitale Weiterverarbeitung und können schon gar nicht von unterschiedlichen Personen orts- und zeitunabhängig genutzt werden.

Digitale Medien als Chance

Digitale Medien stellen in vielerlei Hinsicht Lösungen für diese Probleme dar. Dank zahlreicher Tools können Feedback-Prozesse effizienter gestaltet werden. Sowohl die Erhebung als auch die Weiterverarbeitung der Daten vereinfacht sich, die Auswertung erfolgt bei einigen Anwendungen automatisiert und die Daten können geteilt und kollaborativ bearbeitet werden. Bei näherer Betrachtung müsste das eine Chance darstellen, eine kontinuierliche Feedback-Kultur in der Breite der Schullandschaft zu etablieren.
Während der coronabedingten Schulschließungen haben unzählige Schulen bereits in diese Richtung experimentiert. Es bestand plötzlich eine praktische Notwendigkeit, die private IT-Ausstattung der Lernenden abzufragen sowie Korrekturen und Rückmeldungen digital zu übermitteln. All das war dank der Tools und/oder Feedback-Optionen diverser Lernplattformen ohne größeren Aufwand realisierbar. Nachdem der Unterrichtsbetrieb nun wieder überwiegend in Präsenz organisiert werden kann, geraten neue digitale Arbeitsweisen teilweise aus dem Blick. Aus der Perspektive der Schul- und Unterrichtsentwicklung gehört es deshalb zu den großen Herausforderungen der vor uns liegenden Jahre, digitale Arbeitsweisen sinnvoll in den Präsenzbetrieb zu integrieren bzw. diesen sinnvoll digital zu erweitern. Die digitale Organisation von Feedback stellt dabei eine zentrale Chance zur Verbesserung von Lehren und Lernen dar.
Vor diesem Hintergrund ist das vorliegende Buch eine Einladung und gleichzeitig ein *call for action*. Es will beim Sortieren eines komplexen Themas helfen, Anregungen liefern und Sie als Leserin bzw. Leser dazu inspirieren, analoges und digitales Feedback als festen Bestandteil in Ihr didaktisches Repertoire aufzunehmen. Mit sortierten theoretischen Grundlagen, einer fundierten Systematik möglicher Methoden und beispielhaften Einsatzgebieten kann es anschließend direkt an die Umsetzung im Unterrichtsalltag gehen. Mit verschiedenen Feedback-Formen in Unterricht und Schulentwicklung kann schließlich ein echter Dialog über Lernen und Zusammenarbeit entstehen, von dem letztlich alle profitieren. Und darum geht es ja in der Schule: Lernwirksam unterrichten, Schule und Unterricht weiterentwickeln, Schule professioneller und menschlicher machen und darum, dabei gesund zu bleiben. Feedback kann in all diesen Bereichen etwas beitragen.

Inhalt und Aufbau des Buches

Bevor es jedoch um spezielle Feedback-Methoden und deren digitale Umsetzung geht, sollen im ersten Kapitel Grundlagen und Begrifflichkeiten geklärt und einige Aspekte rund um das Thema Feedback wissenschaftlich eingerahmt werden. Dies geschieht unter der Prämisse, dass reflektierte Praktikerinnen und Praktiker nicht ohne Theorie auskommen, obgleich an dieser Stelle nicht der vollständige universitäre Diskurs zum Thema Feedback abgebildet werden kann und soll.
Im zweiten Kapitel sollen didaktische Überlegungen in den Mittelpunkt gestellt werden. Dabei geht es u.a. um die Frage, was gutes Feedback eigentlich ist, was Feedback-Gebende und Feedback-Nehmende beachten sollten und welche Grundsätze bei der Moderation von Feedback-Prozessen im Unterricht zu berücksichtigen sind.
Für die konkrete Umsetzung sollen im dritten Kapitel einige klassische Feedback-Methoden skizziert werden. Da es zu diesem Themenbereich jedoch schon zahlreiche gute Veröffentlichungen (z.B. Wilkening 2016) sowie Methodensammlungen gibt, soll dieser Teil eher kurz gehalten werden.

Das Herzstück des Buches bilden schließlich die Kapitel vier bis acht. Hier sollen verschiedene digitale Feedback-Tools systematisiert, vorgestellt und den einzelnen Ebenen von Feedback im schulischen Kontext zugeordnet werden. Die Tools werden darüber hinaus hinsichtlich ihrer didaktischen Potenziale für den Fern- und Hybridunterricht reflektiert. Zudem soll Feedback als didaktisches Instrument einer konstruktiven Lernbegleitung im offenen Unterricht verortet werden. Einige der skizzierten Beispiele sollen dann in konkreten Unterrichtssettings und mit weiteren didaktischen Hinweisen beschrieben werden. Idealerweise mündet der punktuelle Einsatz digitaler Feedback-Tools in eine klassenzimmerübergreifende Feedback-Kultur. Dazu soll im neunten Kapitel skizziert werden, mit welchen Schritten es gelingen kann, Feedback-Ansätze im Kollegium zu verbreiten und den Aufbau einer Feedback-Kultur als Aufgabe der (digitalisierungsbezogenen) Schulentwicklung zu begreifen.

Ich wünsche Ihnen eine inspirierende Lektüre und viele Anregungen für Sie, Ihre eigene pädagogische Praxis und die Arbeit an Ihrer Schule.

Joscha Falck
im August 2022

1. Theoretische Grundlagen

Das Kapitel in der Übersicht:

- Feedback ist eine auf Daten basierende Rückmeldung.
- Erfolgreiches Feedback berücksichtigt verschiedene Dimensionen und mehrere zeitliche Perspektiven.
- Lernförderliches Feedback ist formativ und muss von summativen Bewertungen abgegrenzt werden.
- Eine systematische Feedback-Kultur kann als dauerhafter Dialog zwischen Lehrenden und Lernenden verstanden werden.
- Unterrichts-Feedback hat eine hohe Wirksamkeit und dient der Professionalisierung von Lehrkräften.
- Regelmäßiges Unterrichts-Feedback dient der Erhaltung der Lehrergesundheit.

Lehrkräfte geben in nahezu jeder Unterrichtsstunde Feedback. Im Unterrichtsgespräch bewerten sie z. B. Beiträge ihrer Schülerinnen und Schüler, etwa indem sie sie loben oder verbessern. In Phasen der Einzel- oder Partnerarbeit gehen sie durch das Klassenzimmer und weisen hier und da auf einen Fehler hin, geben noch eine weiterführende Anregung oder motivieren zur Wiederaufnahme der Arbeit. Gleichzeitig erhalten sie von Lernenden vielseitige Rückmeldungen zu deren individuellen Lernprozessen sowie zum Unterricht selbst. Diese finden ihren Ausdruck in typischen Schüleraussagen („Ich kapiere das einfach nicht") oder zeigen sich anhand richtig gelöster Aufgaben, bei denen erkennbar ist, dass das vorher Besprochene verstanden wurde und umgesetzt werden konnte. Und auch zum Unterricht gibt es manchmal eine Würdigung, wenn Lernende am Ende der Stunde überrascht rufen: „Was, es ist schon Pause?!"

Das meiste davon geschieht jedoch unbewusst, beiläufig und unsystematisch. Es handelt sich um Rückmeldungen zwischen Lernenden und Lehrenden, die im Unterrichtsgespräch, im direkten Dialog oder in Mikro-Teaching-Prozessen zum Ausdruck kommen. Sie sind Bestandteil der gewöhnlichen Lehrenden-Lernenden-Interaktion, die in den meisten Momenten um das Bearbeiten von Unterrichtsinhalten kreist. Ein umfangreicheres „Feedback" erhalten Schülerinnen und Schüler hingegen häufig erst am Ende der jeweiligen Lernsequenz. In einer Stegreifaufgabe, mündlichen Abfrage oder Schulaufgabe erfahren sie anhand der Punkte bzw. einer Note, welche Aufgaben sie lösen konnten und welche nicht. Typischerweise wechselt dann das Unterrichtsthema, sodass die Rückmeldung nicht genutzt werden kann, um den eigenen Lernprozess zu verbessern. Deren Ziel war es, eine Leistung zu bewerten und nicht, eine Hilfe beim Lernen darzustellen. An diesem typischen Ablauf ist abzulesen, zu welchem Zeitpunkt und in welcher Form Feedback im Unterrichtsalltag gegeben wird: Es handelt sich in vielen Fällen um eine Rückmeldung auf eine vorher erbrachte Leistung, mit der eine Bewertung einhergeht. Daher verwundert es nicht, dass die Begriffe *Feedback* und *Rückmeldung* i. d. R. synonym verwendet werden. Da häufig auch von *Bewertung* und *Beurteilung* sowie *Reflexion* gesprochen wird, erscheint es ratsam, die Begrifflichkeiten im Folgenden voneinander abzugrenzen. Außerdem sollen die Unterschiede zur *Evaluation* herausgearbeitet und „Assessment" als Begriffsvorschlag aus der englischsprachigen Literatur für das schulische Feedback-Geschehen ergänzt werden.

Begriffsklärung

Feedback, Rückmeldung und Evaluation

Feedback (engl. für Rückkopplung, Rückmeldung, Rückinformation) wird im pädagogischen Kontext meist synonym zum Begriff der **Rückmeldung** verwendet. Gemeint ist eine Mitteilung an Lernende darüber, wie weit ihr Lernstand ist bzw. inwiefern sie eine Unterrichtseinheit erfolgreich absolviert haben oder einen bestimmten Aufgabentyp lösen konnten (vgl. Winter 2021). Diese Mitteilung kann ebenso an Lehrkräfte gerichtet sein, z. B. inwiefern ihr Unterricht erfolgreich ist oder Schülerinnen und Schüler darin erfolgreich lernen können. Wissenschaftlich kann Feedback als „eine auf Daten basierende Rückmeldung zwischen Personen" definiert werden. Es „zielt auf Entwicklung und dient einer etwaigen Korrektur des eigenen Verhaltens als Reaktion auf die Rückmeldungen anderer" (Wisniewski/Zierer 2018, S. 59).
Evaluation hingegen ist eine „Untersuchung, ob und inwieweit ein Verhalten, eine Maßnahme o. ä. geeignet ist, einen erwünschten Zielzustand zu erreichen oder einen Zweck zu erfüllen" (ebd.) und ist damit von Feedback abzugrenzen.

Reflexion

Im pädagogischen Alltag kommt es gelegentlich zu „Feedback-Momenten", in denen man zusammen über etwas nachdenkt bzw. etwas Zurückliegendes reflektiert. Diese **Reflexion** stellt eine Art prüfende Betrachtung dar, bei der es zum ehrlichen Meinungsaustausch und zu Rückmeldungen anderen Personen gegenüber kommen kann (beispielsweise zu einem bestimmten Verhalten). Zu einem späteren Zeitpunkt wird noch zu klären sein, inwiefern Reflexionsprozesse mit digitalen Tools angeregt werden können. Idealerweise gehen Feedback- und Reflexionsprozesse Hand in Hand, z. B. im gemeinsamen Gespräch über Lernen und Unterricht.

Bewertung und Beurteilung

In der Unterrichtspraxis erscheinen Feedback-Momente häufig als **Bewertungen** und **Beurteilungen** bzw. werden als solche erlebt. Wie beschrieben, stellen Korrekturen und Noten zwar eine Rückmeldung dar, sind aber von Feedback als „Erhebung von Daten" abzugrenzen: Eine **Bewertung** dient im Allgemeinen zur Überprüfung, „inwieweit das Verhalten oder die Eigenschaften einer Person mit den Wertvorstellungen der Bewertenden übereinstimmen" (ebd.). Eine **Beurteilung** meint hingegen „Maßnahmen, mit deren Hilfe Persönlichkeitselemente, Arbeitsleistung sowie Führungs- und Sozialverhalten von Mitarbeitern gemessen werden" (ebd.).
In der Unterscheidung beider Begrifflichkeiten werden Beurteilungen in Form von Prädikaten ausgedrückt, z. B. als Noten, während Bewertungen in Form von Aussagen (z. B. gut oder schlecht) zum Ausdruck gebracht werden.

Assessment

In der englischsprachigen Literatur stößt man im Kontext von Feedback in der Schule unweigerlich auf den Begriff „**Assessment**". In der uneindeutigen Übersetzung zeigt sich, dass es sich um einen Sammelbegriff handelt, der Bewertung, Beurteilung, Einschätzung, Abwägung und andere Bedeutungen impliziert. Im pädagogischen Kontext wird „Assessment" entsprechend weit verwendet. Wilkening (2016) macht darauf aufmerksam, dass die deutschen Bezeichnungen der Leistungsbeurteilung bzw. -bewertung hier nicht eingeschlossen sind und „Assessment" in erster Linie Rückmeldungen meint, deren Informationen Veränderungen herbeiführen sollen. Dieses „Assessment for Learning", das später noch als formatives

Feedback beschrieben werden soll, grenzt sich von Bewertungen und Beurteilungen ab und soll auch in diesem Buch als lernförderlicher Feedback-Ansatz beschrieben werden.

Zeitgemäßer Unterricht

Ein zentrales Anliegen dieser Veröffentlichung ist es, Feedback und insbesondere digitales Feedback als Element des zeitgemäßen Unterrichts darzustellen. Aus diesem Grund soll neben den bisher skizzierten Begrifflichkeiten geklärt werden, was zeitgemäßer Unterricht ist bzw. sein kann. Ein Blick in die Veröffentlichungen anderer Autoren (Wampfler 2017, Lindström 2019, Blume 2022) zeigt, dass es sich hierbei um einen schillernden Begriff handelt, beinahe eine Art Projektionsfläche für verschiedenste Elemente von Unterricht. Zeitgemäß soll dabei einerseits modern klingen, auf der Höhe der Zeit sein, neueste Technologien zur Anwendung bringen, agile Methoden einsetzen und aktuelle wissenschaftliche Erkenntnisse berücksichtigen. Andererseits zielt ein zeitgemäßer Unterricht auf den Aufbau der im 21. Jahrhundert notwendigen Kompetenzen, inspiriert von den 7 C's (21st Century Skills) und den 4 K (Kommunikation, Kollaboration, Kreativität und Kritisches Denken). Es geht also um die Frage, welche Kompetenzen Schülerinnen und Schüler für das Leben im 21. Jahrhundert erwerben sollen und wie wir Lernen in der Schule dafür organisieren müssen. Dazu zählen mitunter auch Elemente, die man eher aus reformpädagogischen Diskussionen kennt und die auf den ersten Blick gar nicht so modern klingen, z. B. Konzepte des selbstgesteuerten Lernens, personalisierte Lernkonzepte oder Arbeit mit Kompetenzrastern und individuellen Lernplänen. Denn „erst dann, wenn wir zeitgemäße Technik, zeitgemäße Pädagogik und zeitgemäße Inhalte miteinander verbinden, können wir zeitgemäß unterrichten" (Lindström 2019).

Zeitgemäßer Unterricht verbindet digitale Möglichkeiten des Unterrichtens mit wissenschaftlicher Erkenntnis über erfolgreiches Lernen und hat zum Ziel, Schülerinnen und Schülern den Kompetenzerwerb zu ermöglichen, der für ein Leben im 21. Jahrhundert notwendig ist. In der vorliegenden Veröffentlichung soll diese Vorstellung eines zeitgemäßen Unterrichts an die Arbeit mit Feedback geknüpft und dargestellt werden, wie Feedback auf analoge und digitale Art als Element in den Unterricht integriert werden kann, um Lernen nachhaltig zu verbessern.

Feedback-Ebenen im schulischen Kontext

Neben der Definition und Abgrenzung der Begrifflichkeiten ist es notwendig, die einzelnen Ebenen von schulischem Feedback auseinanderzuhalten. Bei Feedback in der Schule denkt man in erster Linie an Rückmeldungen, die Lehrkräfte ihren Lernenden geben. Bei näherer Betrachtung wird jedoch schnell deutlich, dass Feedback mehrere Ebenen umfasst und in diversen Bereichen sinnvoll eingesetzt werden kann. Um diese Ebenen begrifflich auseinanderhalten zu können, soll je ein Begriff vorgeschlagen und im Folgenden verwendet werden. Die Wahl des Begriffs orientiert sich jeweils an der Personengruppe, die das Feedback sendet:

- Feedback von Lehrkräften gegenüber ihren Schülerinnen und Schülern, im Folgenden **Lehrer-Feedback**.
- Feedback von Lernenden gegenüber anderen Lernenden innerhalb einer Gruppe, im Folgenden **Peer-Feedback**.

- Feedback von Lernenden gegenüber ihren Lehrkräften, im Folgenden **Schüler-** oder **Unterrichts-Feedback.**
- Feedback von Lehrkräften gegenüber anderen Lehrkräften, im Folgenden **Kollegen-Feedback.**
- Weitere schulische Feedback-Prozesse: Feedback zwischen Schulleitung und Lehrkräften, Feedback als Instrument der Schulentwicklung (z. B. innerhalb der Schulfamilie).

Für alle diese Ebenen muss der Begriff Feedback (als eine auf Daten basierende Rückmeldung) noch weiter ausdifferenziert werden. Dazu ist es wichtig, zwischen summativem und formativem Feedback zu unterscheiden bzw. die übliche Praxis der summativen Bewertung (z. B. bei der Korrektur einer Schulaufgabe am Ende einer Lernsequenz) von einem sog. *Formative Assessment* abzugrenzen, wie es in diesem Buch – auch für die Verwendung digitaler Feedback-Tools – vorgeschlagen werden soll.

Summative Bewertungen und formative Rückmeldungen

Summatives Feedback enthält eine zusammenfassende und rückblickende Rückmeldung darüber, welche Leistungen bis zu einem bestimmten Zeitpunkt erbracht oder welche Kenntnisse und Fähigkeiten erworben wurden (z. B. bei Klassenarbeiten, mit einem Zeugnis oder bei Übergangsentscheidungen). Diese Form des Feedbacks ist im schulischen Kontext weit verbreitet und im Sinne der skizzierten Begriffe kein Feedback, sondern eine Bewertung. Daher macht es mehr Sinn, von summativen Bewertungen zu sprechen.
Im Unterschied dazu spricht man von **formativem Feedback**, wenn die Rückmeldung dazu dient, Informationen über das aktuelle Verständnisniveau zu gewinnen mit dem Ziel, diese Informationen für die nächsten Schritte nutzbar zu machen (z. B. konstruktives Feedback zu Hausaufgaben, während der Aufgabenbearbeitung im Unterricht oder bei Portfolioarbeiten). Dieses Feedback ist besonders fruchtbar, bezieht die Angesprochenen mit ein, regt zum Nachdenken an und ermöglicht es, Lernen zu optimieren. Formatives Feedback zielt damit auf die Verbesserung von Lernen und nicht nur auf dessen Bewertung. Aus diesem Grund wird formatives Feedback auch als **formative Rückmeldung** bezeichnet. Man kann davon ausgehen, dass die meisten der oben beschriebenen Interaktionen zwischen Lehrenden und Lernenden im Unterrichtsalltag eher formativer Natur sind. Gleichwohl wird diese Art des Feedbacks noch zu selten bewusst und zielgerichtet eingesetzt.

Feedback

Summatives Feedback
Abschließende und zusammenfassende Rückmeldung zu erworbenen Fähigkeiten und Kenntnissen zu einem bestimmten Zeitpunkt X (z. B. im Rahmen einer Prüfung).

Formatives Feedback
Kontinuierliche Rückmeldung zum Prozess, um auf Lücken oder Verständnisschwierigkeiten aufmerksam zu machen (z. B. bei regelmäßigen Rückmeldungen zu Hausaufgaben).

(vgl. Käfer/Herbein/Fauth 2021)

Summatives und formatives Feedback

Summative Bewertungen zu Schülerleistungen, die etwa als formale Rückmeldung daherkommen, erfolgen in vielen Fällen erst am Ende einer Lerneinheit, etwa auf das Lernprodukt, und werden häufig in Form einer Note mit geringem Informationsgehalt dargestellt.

Der Schweizer Gymnasiallehrer, Fachdidaktiker und Experte für digitales Lehren und Lernen Philippe Wampfler hat in einem seiner Blogbeiträge sogar die These aufgestellt, dass es summatives Feedback eigentlich nicht gibt. Seine Überlegung beruht darauf, dass summative Bewertungen den typischen Regeln für Feedback widersprechen und damit nicht lernwirksam sind. Noten als summatives Feedback zu kennzeichnen, gäbe ihnen einen Sinn, den sie gar nicht haben (vgl. ders. 2022). Die Feedback-Regeln, die in Kapitel zwei näher ausgeführt werden sollen, gelten entsprechend nur für formative Rückmeldungen.

„Deshalb sollte man klar trennen: Es gibt Feedback, das ist formativ. Und es gibt Bewertungen vergangener Leistungen, die sind summativ. Beides hat nichts miteinander zu tun" (ebd.).

Für die hier angestellten Überlegungen muss der begriffliche Diskurs nicht abschließend gelöst werden. Entscheidend ist, dass Feedback dann lernförderlich wirksam werden kann, wenn es eben nicht rückblickend, lernprozessbeendend und mit geringem Informationsgehalt gegeben wird, sondern anderen Kriterien entspricht.

Erkenntnisse aus der Lehr-/Lernforschung

Dass diese Annahme nicht bloß der pädagogischen Intuition entspricht, sondern als gesichert betrachtet werden kann, zeigt ein Blick in die wissenschaftliche Literatur zum Thema Feedback. Ohne diese in Gänze abbilden zu können und zu wollen, sollen einige Bezüge zu den bereits angesprochenen Hattie-Studien hergestellt werden.
Mit den Metaanalysen in Visible Learning sind umfangreiche Datensätze (ca. 80 000 Einzelstudien) ausgewertet worden, denen u. a. einige Erkenntnisse rund um das Thema Feedback entnommen werden können. Anhand der Auswertung erstellte der australische Bildungsforscher John Hattie eine Rangfolge der wirksamsten Faktoren für den schulischen Lernerfolg. Diese Liste umfasst 150 Faktoren, die mit einer Effektstärke *d* die Bedeutung für die schulische Praxis ausweisen. Effektstärken von 0,2 bis 0,4 werden als gering definiert, zwischen 0,4 und 0,6 als mittelmäßig und ab 0,6 als hoch (vgl. Wilkening 2016, S. 53). In Visible Learning lassen sich die jeweiligen Effektstärken übersichtlich als Barometer nachschlagen.

Die zehn Faktoren, die 2013[1] die höchsten Effektstärken aufwiesen, sind:

1. Selbsteinschätzung des kognitiven Leistungsniveaus (d: 1,44)
2. Kognitive Entwicklungsstufe (d: 1,28)
3. Formative Evaluation des Unterrichts (d: 0,90)
4. Micro-Teaching (d: 0,88)
5. Akzeleration (d: 0,88)
6. Beeinflussung von Verhalten in der Klasse (d: 0,80)
7. Intervention für Lernende mit besonderem Förderbedarf (d: 0,77)
8. Klarheit der Lehrperson (d: 0,75)
9. Reziprokes Lehren (d: 0,74)
10. Feedback (d: 0,73)

Unter den zehn wirksamsten Faktoren wurde Feedback auf Platz 10 mit einer Effektstärke von 0,73 gelistet. Feedback durch Lehrende wirkt sich also nachweislich positiv auf den Lernerfolg von Schülerinnen

[1] Die Liste der lernwirksamen Faktoren mit ihren jeweiligen Effektstärken wird kontinuierlich fortgesetzt. Mittlerweile hat sich die Reihung verändert, da seit 2013 weitere Faktoren hinzugekommen sind. Die fortlaufend aktualisierte Liste kann unter https://visible-learning.org/hattie-ranking-influences-effect-sizes-learning-achievement/ eingesehen werden – allerdings bislang nur auf Englisch. Feedback hat sich durch das Hinzukommen anderer Faktoren auf Platz 32 verschoben (Stand August 2022).

und Schülern aus. Mit 1431 Einzelstudien liegt dieser Effektstärke sogar einer der größten Datensätze zugrunde. Feedback ist damit „einer der am besten erforschten Faktoren überhaupt" (Hattie/Zierer 2018, S. 87). Darüber hinaus gibt es weitere mit Feedback verbundene Faktoren, z. B. die formative Evaluation des Unterrichts. Gemeint ist die Überprüfung unterrichtlicher Ziele durch die Erhebung von Unterrichts-Feedback.
Auf Platz 1 der Liste der wirksamsten Faktoren findet sich mit einer Effektstärke von 1,44 die „Selbsteinschätzung des kognitiven Leistungsniveaus". Das Anbahnen der Selbsteinschätzungsfähigkeit sollte daher ebenfalls stark im Fokus von Unterrichtenden liegen. Hatties Überlegungen zu einem effektiven Feedback nehmen genau diesen Aspekt mit auf und machen deutlich, dass Feedback sich immer neben der Aufgabe und dem Prozess auch auf die Selbstregulation und das Selbst beziehen sollte (vgl. ebd., S. 88). Er unterscheidet vier Stufen:

1. **Aufgabe:** Wie gut wurden die Aufgaben erledigt?
2. **Prozess:** Was muss getan werden, um die Aufgaben zu verstehen/zu meistern?
3. **Selbstregulation:** Selbstüberwachung, -steuerung und -regulation der Aktivitäten.
4. **Selbst:** Persönliche Bewertung und Effekt (gewöhnlich positiv) auf die Lernende/den Lernenden.

Für effektives Feedback ist es bedeutsam, die Rückmeldung zu differenzieren und je nach Herausforderung auf der entsprechenden Ebene anzusiedeln. Für das Lernen der Schülerinnen und Schüler besonders effektiv ist Feedback, wenn zudem auf weiteren zeitlichen Ebenen unterschieden wird.

- **„Feed Up"** ist eine gegenwartsbezogene Rückmeldung, die den Ist- mit dem derzeitigen Soll-Zustand vergleicht. Frage: Wohin gehst du?
- **„Feed Back"** ist eine Rückmeldung, die sich auf die Vergangenheit bezieht und den Ist-Zustand mit einem vergangenen Ist-Zustand vergleicht. Frage: Wie kommst du voran?
- **„Feed Forward"** ist eine Rückmeldung, die sich auf die Zukunft richtet und den Ist-Zustand mit dem zukünftigen Soll-Zustand in Verbindung setzt. Frage: Wohin geht es danach?

Erfolgreiches Feedback bezieht sich demnach immer sowohl auf die Vergangenheit, die Gegenwart und die Zukunft, sollte also möglichst vollständig sein. Zudem sollte jede zeitliche Feedback-Frage auf vier Stufen operieren. Das zeigt, wie komplex Feedback-Prozesse sind und wie bedeutsam es ist, das Geben von Feedback zu üben. Das gilt sowohl für Unterrichts-Feedback als auch für Lehrenden-Feedback.

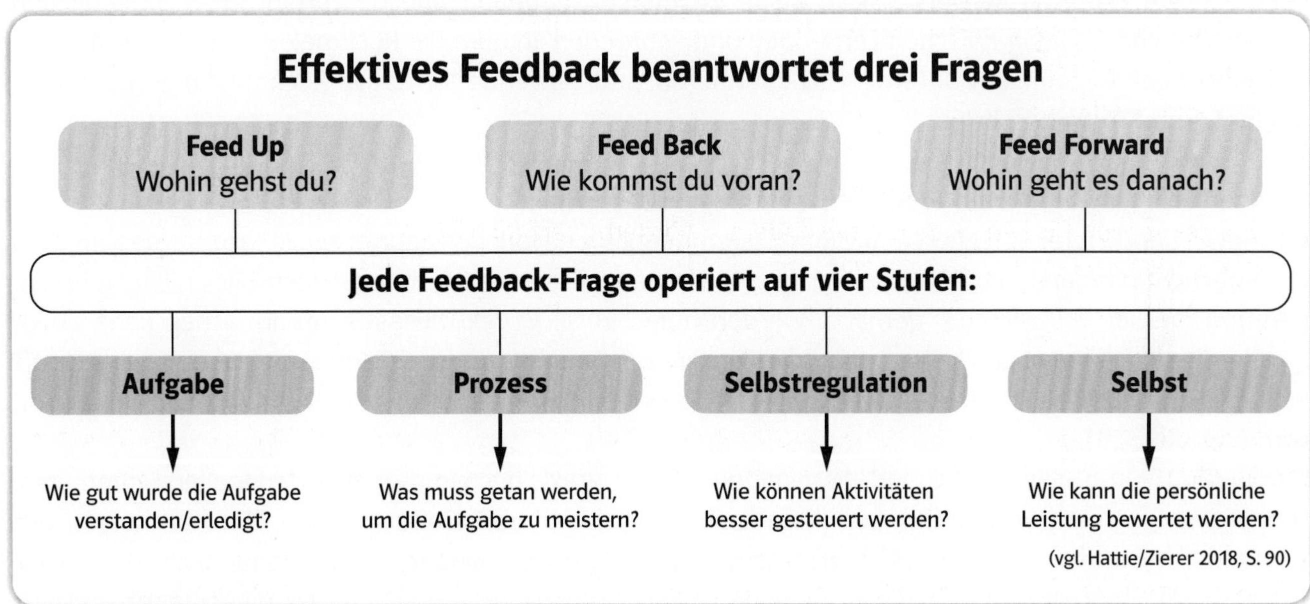

Effektives Feedback nach Hattie

Überdies impliziert dieses umfängliche Verständnis von Feedback eine Haltung gegenüber „Fehlern“ bzw. „Misserfolgen“ im Lernprozess. Fehler sind dabei grundsätzlich nichts Schlechtes, sondern eher eine Informations- und Erkenntnisquelle zur Verbesserung von Lernprozessen. In einer konstruktiven Fehlerkultur lässt sich sowohl aus der Sicht der Lernenden als auch aus der Perspektive der Lehrenden fragen, was uns ein Fehler lehrt, wie man also aus ihm lernen kann, um die eigenen Ziele zukünftig besser zu erreichen. Dies verdeutlicht Andreas Buhr in einem Tweet: Fehler sollten demnach zu Fortschritt führen und nicht in eine destruktive Schleife, die neue Fehler provoziert.

Andreas Buhr
@AndreasBuhr
...
Fundsache! Sehr gut...

Destruktive Fehlerkultur
Fehler
Verursacher*
Rechtfertigung
Angst
* Kernfrage:
Wer hat's verbockt?

Konstruktive Fehlerkultur
Fehler
Verantwortung*
Handeln
Fortschritt
* Kernfrage:
Was lehrt uns der Fehler?

9:52 vorm. · 11. Apr. 2022 · Twitter for iPhone

Konstruktive Fehlerkultur – Tweet von Andreas Buhr vom 11.04.22 (https://twitter.com/AndreasBuhr)

Schüler- bzw. Unterrichts-Feedback

Ebenso wie Schülerinnen und Schüler über die Rückmeldungen zu ihren Fehlern lernen, erhalten Lehrkräfte entscheidende Informationen zur Wirksamkeit des eigenen Unterrichts. Die eigene Einschätzung zu Zeitbedarf, Vorwissen der Lernenden, Schwierigkeitsgrad von Aufgaben usw. ist zwar wichtig, aber nicht ausreichend. Ob und wie weit Unterricht erfolgreich war, zeigt sich erst über die Rückmeldung der Lernenden zu den Zielen, der Zeit, den Inhalten, den Methoden, den Medien und dem Raum, in dem gelernt wird. Lernende werden zu diesen Aspekten um Rückmeldung gebeten, um zu entscheiden, ob das Lehren gelungen ist.

Bezüglich der Effektstärke erweist sich Unterrichts-Feedback sogar als noch wirksamer. In John Hatties Visible Learning taucht das Feedback von Lernenden an die Lehrenden unter dem Faktor „Bewertung des Unterrichtsprozesses“ (formative Evaluation) auf und nimmt mit 0,90 eine bemerkenswerte Effektstärke ein. Damit wird deutlich, dass sowohl Lernende als auch Lehrende Antworten auf die Fragen finden sollten, welche Ziele sie haben und wie es gelingt, diese im Unterricht zu erreichen.

Feedback wird folglich idealerweise in beide Richtungen gegeben und beschreibt einen unendlichen Kreisprozess bzw. Dialog zwischen Lernenden und Lehrenden, in dem die Rückmeldungen der Lernenden miteinbezogen werden, um Unterricht zu optimieren, und Lernende formative Rückmeldungen erhalten, um ihr Lernen zu verbessern.

Feedback als Instrument zur Weiterentwicklung von Unterricht

Wisniewski und Zierer sprechen in diesem Zusammenhang davon, dass nur etwa 20 Prozent dessen, was im Unterricht passiert, zu beobachten ist. „80 % des Geschehens sind auf den ersten Blick nicht zu erkennen und müssen erst sichtbar gemacht werden“ (dies. 2018, S. 44). Dieses Sichtbarmachen kann durch Schüler-Feedback, also durch Fragen an die Lernenden, erreicht werden. Zentral ist dabei, als Lehrkraft das eigene Handeln zu nutzen, indem die Expertise der Schülerinnen und Schüler systematisch eingeholt wird (vgl. dies. 2017).

Was in der Theorie vielversprechend klingt, erzeugt in der Praxis noch immer an vielen Stellen Unbehagen. Da nur wenige Lehrkräfte im Rahmen ihrer Ausbildung darauf vorbereitet werden, Rückmeldungen von Lernenden systematisch zu erfassen, erfordert es für viele Mut, Feedback zum eigenen Unterricht anzunehmen. Man möchte sich nicht die Blöße geben, Fehler nicht sichtbar machen bzw. eingestehen und sich in der Persönlichkeit nicht schwächen lassen. Spätestens jetzt wird deutlich, dass Feedback auch etwas mit „weichen" Faktoren zu tun hat und als Instrument der Beziehungsgestaltung zwischen Lernenden und Lehrenden Bereiche von Vertrauen und Anerkennung streift.

Aus empirischer Sicht lassen sich Befürchtungen, dass Feedback zu negativen Auswirkungen auf die pädagogische Berufspraxis führt, nicht bestätigen (vgl. Wisniewski/Zierer, S. 62). Im Gegenteil, denn es sprechen viele Aspekte dafür, die Lernenden regelmäßig zu Unterricht und Lernerfolg zu befragen:

- Der positive Einfluss auf Unterricht ist besonders hoch, wenn Lehrkräfte Unterricht durch die Augen von Schülerinnen und Schülern sehen.
- „Blinde Flecke" können ohne Rückmeldungen nicht sichtbar gemacht werden.
- Die Wirkung des eigenen beruflichen Handelns wird besser verstanden.
- Lehrkräfte gewinnen an Sicherheit, Offenheit und Sensibilität.
- Eigene Schwachpunkte können überprüft und relativiert werden.
- Lehrkräfte erleben Selbstwirksamkeit, Anerkennung und Bestärkung.

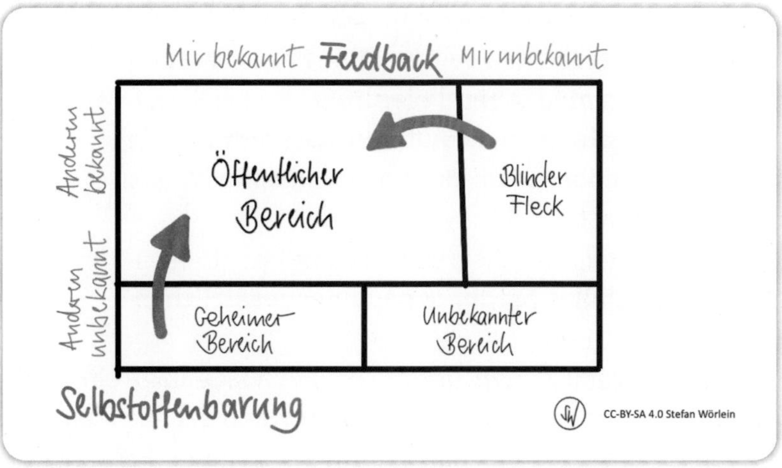

Das Johari-Fenster

Dabei ist jedoch zu beachten, dass das bloße „Einholen von Schülerfeedback alleine zu keiner Qualitätsverbesserung führt" (ebd.). Das liegt mitunter daran, wie das Feedback eingeholt wird und was anschließend mit den Ergebnissen passiert. Die Autoren, die ergänzend zu ihren Forschungstätigkeiten das Webportal *FeedbackSchule* (s. Kapitel 5) entwickelt haben, betonen, dass es v. a. an den Fragen bzw. der Wahl der Instrumente liegt. Diese entscheiden darüber, „ob es zu einem Informationsgewinn kommt und dieser dann für weiterführende Gespräche genutzt werden kann oder eben nicht" (ebd.).

Mythen zum Thema Unterrichts-Feedback

Trotz zahlreicher positiver Effekte kursieren einige Mythen zum Thema Unterrichts-Feedback, die Lehrkräfte daran hindern, Rückmeldungen über ihren Unterricht einzuholen. Diese ablehnenden Haltungen führen Wisniewski und Zierer (2018) auf, um sie unter Berücksichtigung empirischer Befunde zu relativeren. Sie beruhen i. d. R. auf falschen Annahmen:

Mythos 1: Unterrichts-Feedback hat keine Aussagekraft.
Dieser Befürchtung läge laut Aussage der Autoren zumeist eine falsche Durchführung zugrunde und ist damit auf eine wenig aussagekräftige Fragestellung zurückzuführen. Entsprechend gehaltvoller kann Unterrichts-Feedback erhoben werden, indem z. B. ein wissenschaftlich validiertes Tool wie *Feedback-Schule* genutzt wird.

Mythos 2: Unterrichts-Feedback wird missbraucht.
Auch dieser Mythos könne unter Verweis auf verschiedene Untersuchungen nicht gehalten werden, da nicht belegt ist, dass Schülerinnen und Schüler Feedback für Verletzungen oder Rache missbrauchen. Überdies weisen die Autoren darauf hin, dass ein Missbrauch dadurch verhindert werden könne, indem Feedback klar von Beurteilungen abgegrenzt werde.

Zu diesem Mythos passt ein Tweet des Lehrers und Bloggers Dominik Schöneberg (s. Abb. rechts), dessen Einschätzung auch meine Erfahrungen widerspiegelt.

Dominik Schöneberg
@lueckenbildung
...
Wenn Schüler*innen die Möglichkeit zu Feedback bekommen, fühlen sie sich ernst genommen - und erweisen umgekehrt auch Respekt: In über zehn Jahren habe ich bei anonymem Abfragen noch kein einziges Mal eine herablassende Äußerung oder Beleidigung erlebt - nur sachliche Kritik.
6:38 nachm. · 5. Juli 2022 · Twitter Web App

Schülerfeedback – Tweet von Dominik Schöneberg vom 05.07.22 (https://twitter.com/lueckenbildung)

Mythos 3: Unterrichts-Feedback führt dazu, dass Lehrpersonen milder beurteilen.
Auch hierzu schreiben die Autoren, dass sich der Einfluss von Feedback auf die Bewertungspraxis nicht nachweisen lasse.

Mythos 4: Schüler-Feedback bedeutet zusätzlichen Zeitaufwand.
Diesem Einwand gegen Unterrichts-Feedback liegt ein richtiger Gedanke zugrunde: Das Einholen von Feedback kostet Zeit. Der hohe Zeitaufwand sei auch laut Aussage der Autoren bei analogen Feedback-Verfahren nicht von der Hand zu weisen. Digitale Formen können jedoch schneller und effektiver eingesetzt werden. Dieser Kerngedanke des Buches soll insbesondere in Kapitel fünf näher ausgeführt werden.

Mythos 5: Lernende können Unterricht nicht richtig einschätzen.
Ähnlich wie Mythos 1 muss dieser Einwand in Zusammenhang mit den gestellten Fragen betrachtet werden. Sinnvolles Feedback zum Unterricht bezieht sich nämlich nur auf Bereiche, die Schülerinnen und Schüler einschätzen können. Die Autoren weisen auf Studien hin, die nachweisen, dass selbst Grundschulkinder in der Lage sind, Indikatoren für Unterrichtsqualität zu beurteilen.

Mythos 6: Lehrkräfte wissen selbst am besten, ob ihr Unterricht gut ist.
Diesem Einwand fehlt die Sensibilität darüber, dass bestimmte Zusammenhänge der eigenen Wahrnehmung entgehen oder anders wahrgenommen werden. Wie im Johari-Fenster auf der vorherigen Seite angedeutet wird, geht es bei Feedback gerade darum, „blinde Flecke“ sichtbar zu machen. Hier schreiben die Autoren, dass regelmäßiges Feedback dazu führe, dass die Übereinstimmung zwischen Selbst- und Vorgesetztenbeurteilung signifikant höher ausfalle. Die Selbstbeurteilung in Bezug auf die Qualität der eigenen Arbeit weist hingegen eine niedrige Zuverlässigkeit auf. Der eigenen Wahrnehmung ist entsprechend mit Vorsicht zu begegnen, ebenso wie deren regelmäßige Überprüfung ein Aspekt der Lehrerprofessionalität ist.

Mythos 7: Guter Unterricht hängt von der Lehrerpersönlichkeit ab.
Die empirische Forschung zeige nach Wisniewski und Zierer, dass die Idee einer geborenen Lehrperson überholt sei. Veränderbare Eigenschaften wie Professionswissen, Motivation, Selbstregulation und Haltungen beeinflussen die Qualität von Lehrkräfte-Handeln stärker. Die Annahme, dass Feedback Unterricht nicht verbessern kann, weil dieser ausschließlich von der Lehrperson abhängig ist, muss entkräftet werden.

Zusammenfassung
Der Blick in die empirische Lehr-/Lernforschung macht deutlich, welche Effektstärken Feedback gegenüber Lernenden und Unterrichts-Feedback gegenüber Lehrenden hat. In den Hattie-Studien haben sich die zwei Bereiche in der Auswertung umfangreicher Datensätze als sehr wirksam erwiesen. Beide Feedback-Richtungen ermöglichen den benötigten Dialog über Unterricht und Lernen, um ersteren zu verbessern und letzteres zu fördern. Feedback ist dabei begrifflich von Bewertungen und Beurteilungen abzugrenzen und soll in diesem Buch im Sinne formativer Rückmeldungen diskutiert werden. Erfolgreiches Feedback umfasst verschiedene Ebenen und mehrere zeitliche Dimensionen.

2. Didaktische Hinweise zur Arbeit mit Feedback im Unterricht

Das Kapitel in der Übersicht

- Feedback ist ein Beziehungsgeschehen zwischen Lehrkräften und Lernenden, das Sensibilität verlangt.
- Eine positive Atmosphäre ist die Voraussetzung erfolgreicher Feedback-Prozesse.
- Mit der Beachtung von Grundregeln kann vermieden werden, dass Feedback „nach hinten" losgeht und Abwehrreflexe erzeugt.
- Es gibt sowohl Regeln zum Geben als auch zum Annehmen von Feedback. Beide sollten nach Möglichkeit beachtet und mit Schülerinnen und Schülern eingeübt werden.
- Lernförderliches Feedback ist überdies davon gekennzeichnet, bereits *während* des Lernprozesses anzusetzen.
- Peer-Feedback spricht Lernende in einer veränderten Rolle an und kann nach Einführung und Übung besonders hilfreich für den Aufbau einer Feedback-Kultur sein.
- Bei der Moderation von Feedback-Prozessen im Unterricht ist besonders auf Struktur, Anleitung, Visualisierung und Moderation zu achten.
- Eine konstruktive schulische Feedback-Kultur geht mit einem veränderten Rollenverständnis von Lehrkräften einher.

Feedback kann lernförderliche Effekte insbesondere dann entfalten, wenn es vom Adressaten bzw. der Adressatin gerne angenommen wird. Damit diese konstruktive Verarbeitung gelingt, sollten sowohl seitens der Feedback gebenden als auch seitens der Feedback nehmenden Person einige Grundregeln beachtet werden. In den nachfolgenden Überlegungen wird davon ausgegangen, dass Feedback in Form einer direkten und mündlichen Rückmeldung an eine bestimmte Person erfolgt (z. B. Feedback von einer Lehrkraft für eine Schülerin). Diese beabsichtigte Gesprächssituation soll helfen, dass die Feedback annehmende Person ihr eigenes Verhalten oder eine erbrachte Leistung überdenkt, um sich zukünftig weiterzuentwickeln bzw. zu verbessern.
Im schulischen Kontext werden dabei die im ersten Kapitel beschriebenen Dimensionen von Feedback berücksichtigt: Im Fokus stehen v. a. die Aufgaben, der Prozess, die Fähigkeiten der Selbstregulation und das Selbst. Die folgenden Grundregeln setzen auf unterschiedlichen Ebenen an und berücksichtigen Aspekte der Organisation, der Gesprächsatmosphäre, der Haltung und der verwendeten Sprache. Darüber hinaus sollen praktische Tipps zur Moderation von Feedback-Prozessen im Unterricht sowie Hinweise zur Anleitung von Peer-Feedback zusammengestellt werden.

Grundregeln für Feedback-Gebende

Feedback-Gespräche sind in allen Bereichen des Lebens heikle Situationen. Sie laufen Gefahr, als eher abwertende Belehrungen wahrgenommen zu werden und Abwehr auszulösen. In dem Wissen, dass direkte Rückmeldungen schmerzen können, sollten sich vor allem Feedback gebende Personen ihrer Verantwortung bewusst sein und einige Regeln beachten. Diese Regeln besitzen in allen Feedback-Situationen Gültigkeit und sollten immer auch zum Gegenstand des Nachdenkens über Feedback bzw. zum Training von Feedback gemacht werden. Das gilt ebenso für digitales Feedback und die Nutzung digitaler Feedback-Tools.

Das darf nicht vergessen werden: Feedback-Situationen können ...

- ... als verletzend und bevormundend wahrgenommen werden.
- ... schmerzhafte Gefühle auslösen.
- ... Abwehr und Verteidigung auslösen.
- ... die Beziehung schädigen.

Vertrauliche Rahmenbedingungen schaffen

Zuallererst sollte ein passender Zeitpunkt gewählt werden. Je nachdem, ob sich das Feedback auf eine bestimmte Aktivität oder auf einen längeren Prozess bezieht, sollte die Rückmeldung zeitnah nach deren bzw. dessen Beendigung formuliert werden. Dadurch kann sichergestellt werden, dass die Situation noch präsent ist und keine Erinnerungslücken entstehen. Neben dieser zeitlichen Komponente braucht die besondere Gesprächssituation auch einen besonderen Raum, idealerweise in einer ungestörten Umgebung ohne Publikum. Je entspannter und vertraulicher die Rahmenbedingungen angelegt sind, desto eher kann Feedback seitens der annehmenden Person ohne Abwehr entgegengenommen werden.

Das Feedback selbst sollte beschreibend, eindeutig, klar und nachvollziehbar formuliert werden. Wichtig ist, auf Wertungen und Interpretationen zu verzichten und sich an das zu halten, was man auch durch eine Kamera hätte sehen können. Ich-Botschaften können helfen, in der Formulierung bei sich zu bleiben und dem Gegenüber keinen Anlass zu geben, gleich mit Widerspruch einhaken zu wollen. Feedback sollte immer möglichst konkret sein und auf Allgemeinplätze oder Hinweise zu unabänderlichen Eigenschaften verzichten.

Des Weiteren sollten Feedback-Gebende auf einen gewissen Neuigkeitswert achten und die Menge an Feedback vorsichtig dosieren. Zu viele Informationen können frustrierend wirken und dadurch eine konstruktive Verarbeitung erschweren. Zudem sollten Kritikpunkte und Möglichkeiten zur Verbesserung in Kombination mit Wertschätzung vorgetragen werden. In der Praxis bewährt es sich, für jeden Kritikpunkt ein bis zwei positive Aspekte einzuplanen, damit der vermeintlich negative Aspekt besser angenommen werden kann. Letztlich muss sich aber jede Feedback gebende Person dessen bewusst sein, dass Rückmeldungen immer Angebote sind und nur die Feedback annehmende Person darüber entscheidet, diese auch zu verarbeiten.

Als zielführendes Schema für konstruktive Feedback-Gespräche kann ferner auf die „Formel" der Gewaltfreien Kommunikation nach Marshall B. Rosenberg zurückgegriffen werden. In seiner „Giraffensprache" unterscheidet er die Schritte Beobachtung, Gefühl, Bedürfnis und Bitte. Diese können mit folgendem Satzaufbau genauso für Rückmeldungen in und außerhalb der Schule sowie für „heikle" Gesprächssituationen herangezogen werden: *Wenn ich a beobachte, fühle ich mich b, weil ich c brauche. Deshalb wünsche ich mir d.*

Besonderheiten von Feedback in der Schule

Feedback-Gespräche mit Lernenden unterscheiden sich im Kontext dieser Regeln von außerschulischen Feedback-Situationen. In den allermeisten Fällen sind schulische Rückmeldungen auf spezielle Leistungsanforderungen und/oder Verhalten beim Lernen bzw. in der Gruppe bezogen, nicht freiwillig und damit nicht mit einer Kommunikation auf Augenhöhe zwischen Erwachsenen gleichzusetzen. Im Fokus steht meist die Frage, wie sich ein Schüler oder eine Schülerin verbessern kann.

Aus diesem Grund ist es im schulischen Kontext besonders wichtig, eine altersgerechte und konstruktive Sprache zu wählen, die klar verständlich aufzeigt, welche Verbesserungsmöglichkeiten bestehen. Hinsichtlich der verschiedenen Dimensionen von Feedback können die Gespräche mit Lernenden auch selbstreflexiven Charakter haben und mithilfe von Reflexionsbögen und die Selbstwahrnehmung schulenden Fragetechniken geführt werden. Aus dem Feedback-Gespräch wird so ein gemeinsames Reflektieren, was die Wahrscheinlichkeit, dass Tipps angenommen werden können, noch einmal erhöht.

Grundregeln für Feedback-Nehmende

Gleichwohl gibt es auch auf der Seite der Feedback annehmenden Person einige Punkte zu beachten. Sie sollte sich die Rückmeldung in Ruhe anhören und ihr Gegenüber ausreden lassen. Je nach Länge des Feedbacks kann bei Unklarheiten zwischendurch oder am Ende nachgefragt werden. Bei längeren Rückmeldungen bietet sich zur Verständnissicherung die Technik des Paraphrasierens an. Hier kann die Feedback annehmende Person durch ein erneutes Formulieren in eigenen Worten sicherstellen, dass sie ihr Gegenüber richtig verstanden hat. Im therapeutischen Kontext ist diese Technik als „Aktives Zuhören“ bekannt. Wichtig ist, dass die zuhörende Person sich nicht verteidigt und dem Reflex widersteht, sich rechtfertigen oder erklären zu wollen. Das gelingt, wenn sie das Feedback in erster Linie auf der Sachebene als Information hört und sich nicht als Person auf der Beziehungsebene infrage gestellt fühlt. Für dieses Hören auf dem „richtigen“ Ohr braucht es neben den Grundregeln seitens der Feedback gebenden Person eine Haltung der Offenheit und ein Vertrauen darauf, dass mit dem Feedback niemand „kleingemacht“ werden soll. Damit es als „Geschenk“ gehört und dankend angenommen werden kann, erfordert es entsprechend eine funktionierende Beziehungsbasis.

Die wichtigsten Regeln im Überblick

Regeln für Feedback gebende Personen

- Feedback sollte idealerweise von der empfangenden Person gewollt sein.
- Feedback braucht einen passenden Raum und Zeitpunkt.
- Die Formulierungen sollten beschreibend und klar sein.
- Ich-Botschaften erhöhen die Akzeptanz.
- Auf Wertungen und Interpretationen sollte verzichtet werden.
- Kritik sollte vorsichtig dosiert und von positiven Aspekten eingerahmt werden.
- Negative Aspekte sollten um Lob und Verbesserungsvorschläge erweitert werden.

Regeln für Feedback annehmende Personen

- Die andere Person sollte in Ruhe ausreden können.
- Bei Unklarheiten bietet es sich an, nachzufragen.
- Mit der Technik des Paraphrasierens kann Missverständnissen vorgebeugt werden.
- Feedback-Nehmende sollten sich nicht verteidigen, rechtfertigen oder erklären.
- Feedback sollte mit einer Haltung der Offenheit entgegengenommen werden.
- Sich für das Feedback zu bedanken zeigt, dass eine konstruktive Verarbeitung angestrebt ist.

Checkliste für schlechtes Feedback

Um sich selbst klarzumachen, was gutes Feedback ist, kann auf die Kopfstand-Methode zurückgegriffen werden. Dabei werden Zusammenhänge bewusst und überspitzt in ihrer gegenteiligen Bedeutung dar-

gestellt. Bezogen auf Feedback lohnt es sich also, einen Blick auf eine Checkliste für *schlechtes* Feedback zu werfen. In ihrem empfehlenswerten „Praxisbuch Feedback im Unterricht" hat Monika Wilkening (2016) einen entsprechenden Vorschlag gemacht, der hier aufgegriffen werden soll.
Sie beschreibt schlechtes Feedback u.a. als sarkastisch, beleidigend, zurechtweisend, nicht konstruktiv, auf persönliche und charakterliche Defizite ausgerichtet, nicht auf die eigentliche Arbeit bezogen, unklar, schwammig, allgemein, bewertend und interpretierend, widersprüchlich, zeitverzögert sowie aufgezwungen und unerwünscht (vgl. ebd., S. 34).
Dass Schülerinnen und Schüler mit dieser Art von Rückmeldung nichts anfangen können, versteht sich unter Lehrkräften hoffentlich von selbst. Schlimmer noch ist nur, wenn gar kein Feedback gegeben wird. Die Problematik besteht weniger darin, dass bewusste Feedback-Situationen durch diese Art von Feedback „zerstört" werden. Es sollte jedoch unbedingt vermieden werden, dass Momente unbewusster formativer Rückmeldungen im Rahmen der oben beschriebenen Lehrer-Schüler-Interaktion Eigenschaften dieser Liste aufweisen. Denn selbst wenn derartige Spontan-Rückmeldungen anders gemeint sind, können sie verletzen und einer offenen, wertschätzenden Feedback-Kultur im Weg stehen. Das zeigt, wie wichtig die Haltung von Lehrkräften ist, auch in beiläufigen Situationen auf Zugewandtheit, Wortwahl und die verschiedenen Eigenschaften eines positiven Feedbacks zu achten.
Wilkening spricht in diesem Zusammenhang von „inneren Bedingungen" (ebd., S. 24) und nennt u.a. echtes Interesse am Lernen der Schülerinnen und Schüler, Offenheit und Bereitschaft zur Selbstreflexion.

Kennzeichen eines lernförderlichen Feedbacks

Während die allgemein skizzierten Grundregeln für Feedback-Gebende und -Nehmende eher den Beziehungsaspekt von Feedback berücksichtigen, soll nun vermehrt auf die inhaltliche Seite der Kommunikation geblickt werden. Felix Winter (2021) beschreibt dazu einige zusätzliche Kennzeichen, damit Feedback lernförderlich wirken kann.

1. Lernförderliches Feedback richtet die Aufmerksamkeit auf das beabsichtigte Lernen, wobei die Stärken herausgehoben und spezifische Informationen angeboten werden, die eine Verbesserung anleiten können.
2. Lernförderliches Feedback erfolgt während des Lernens, solange noch Zeit bleibt, daran zu arbeiten.
3. Lernförderliches Feedback richtet sich auf teilweise Verstandenes.
4. Lernförderliches Feedback nimmt den Lernenden nicht das Denken ab.
5. Lernförderliches Feedback begrenzt die korrektive Information so, dass die Lernenden damit noch umgehen können.

Damit macht Winter deutlich, dass lernförderliches Feedback auch unter Beachtung der einzelnen Ebenen sowie der kommunikativen Aspekte „schiefgehen" kann. Entscheidend ist mitunter zudem der Zeitpunkt (während des Lernens), der Fokus (das beabsichtigte Lernen), der Gegenstand (teilweise Verstandenes), die Intention (stärken und nicht das Denken abnehmen) und das Maß (korrektive Informationen begrenzen). Hinzu kommt, dass lernförderliches Feedback im Unterricht immer individuell formuliert werden muss und in einen Dialog über Lernen und Unterricht münden sollte.

Peer-Feedback ermöglichen und anleiten

Die beschriebenen Feedback-Regeln gelten überdies nicht nur für Lehrkräfte. Sie sind in ihrer starken Verdichtung Grundregeln zwischenmenschlicher Kommunikation und können in unterschiedlichsten Zusammenhängen hilfreich sein. Im unterrichtlichen Kontext kommen sie vielerorts zur Anwendung und verdienen deshalb eine besondere didaktische Berücksichtigung. Schülerinnen und Schüler benötigen diese Regeln z. B. ebenso, wenn sie sich gegenseitig Feedback geben. Das kann in einer angeleiteten Feedback-Situation, im Klassenrat oder bei einem Konfliktgespräch vonnöten sein. Damit Lernende diese Gesprächssituationen erfolgreich meistern können, sollten Lehrkräfte ihnen die dafür nötigen Grundregeln beibringen und diese üben lassen. Peer-Feedback eignet sich daher gleichzeitig als Gesprächstraining. Um deutlich zu machen, was hilfreiches Feedback von einer weniger zielführenden Rückmeldung unterscheidet, kann zu Übungszwecken auf die zuvor skizzierte Kopfstand-Methode zurückgegriffen werden.

Damit Peer-Feedback im Unterricht lernförderlich wirken kann, sollten Rückmeldephasen geplant und mit mehreren Übungseinheiten eingeführt werden. Gegenstand dieser Übungen ist zum einen das Erlernen der Feedback-Regeln. Zum anderen sollte dies an einem konkreten inhaltlichen Anlass ausprobiert werden. Damit sich Lernende wechselseitig Feedback zu bearbeiteten Aufgaben, ihrem Lernprozess oder einer kooperativ angelegten Arbeit geben können, reichen die bloßen Regeln allein jedoch nicht aus. Peer-Feedback-Gespräche benötigen einen Leitfaden, an dem sich Lernende orientieren können.

Feedback geben und annehmen **Rollenkarten für Peer-Feedback**

Arbeitsauftrag: Gebt euch mithilfe der Rollenkarten Feedback zu euren Arbeitsergebnissen. Achtet auf die Feedback-Regeln!

Feedback-Gebende

- **Formuliere konkret.** Formuliere so, dass deine Mitschülerinnen und Mitschüler genau wissen, was du meinst.
- **Verzichte auf Bewertungen.** Bleibe bei dem, was du lesen/sehen kannst und verzichte auf Urteile sowie Interpretationen.
- **Beachte auch Positives.** Vergiss nicht, positive Dinge hervorzuheben!
- **Nutze Sätze wie ...**
  - Mir fällt auf, dass ...
  - Ich sehe, du hast ...
  - Ich habe bemerkt, dass ...
  - Aus meiner Sicht ...
  - Ich finde, dass ...
  - Meiner Meinung nach ...

Feedback-Nehmende

- **Stelle deine Arbeit vor.** Wie arbeitest du? Was läuft gut? Wo hast du Schwierigkeiten?
- **Höre zu.** Lass deine Mitschülerinnen und Mitschüler ausreden und frage bei Bedarf nach, wenn etwas unklar ist.
- **Verteidige dich nicht.** Es ist völlig in Ordnung, wenn deine Arbeit noch nicht perfekt ist.
- **Nutze Sätze wie ...**
  - Ich habe gehört, dass ...
  - Du meinst, dass ich ...
  - Habe ich dich richtig verstanden, dass ...
  - Du findest, ich sollte besser ...
  - Besser wäre aus deiner Sicht ...

Feedback geben und annehmen – Rollenkarten für Lernende

Dies kann in Form eines Verlaufsplans für Feedback-Gespräche erfolgen, mit einer Frage- oder Checkliste abgebildet oder mithilfe von Gesprächs- und Rollenkarten realisiert werden. In den Jahrgangsstufen 5–9 hat es sich in der Praxis zudem bewährt, Peer-Feedback stärker vorzustrukturieren. Je älter und geübter Lernende mit dieser Gesprächsform sind, desto eher können derartige Gespräche „offener" und mit weniger Anleitung gestaltet werden.

Peer-Feedback kann u. a. bei Unterrichtsinhalten eingesetzt werden, zu denen Schülerinnen und Schüler

- sich gegenseitig Tipps zur Überarbeitung eines Deutsch-Aufsatzes geben.
- Rückmeldungen zu Kunstbildern formulieren.
- Feedback zu einem Referat eines Mitschülers oder einer Mitschülerin geben.
- die Zusammenarbeit in einer Arbeitsgruppe reflektieren.
- Rückmeldungen zu Vorschlägen anderer im Klassenrat formulieren.
- sich Tipps zur Verbesserung eines Lernprodukts geben (Portfolio, Lapbook etc.).

Wenn Lernende jedoch noch kaum vertraut sind, sich gegenseitig Feedback zu geben, kann es vorkommen, dass die ersten „Gehversuche" zunächst nicht die gewünschten Ergebnisse bringen. Das liegt zum einen daran, dass Feedback als Technik noch zu wenig eingeübt wird. Zum anderen sprechen wir Schülerinnen und Schüler bei einem Peer-Feedback-Auftrag in einer für sie ungewohnten Rolle an. Sie müssen aus der Rolle der Lernenden in eine Rolle wechseln, in der inhaltlicher Überblick gefragt ist und etwas überprüft und rückgemeldet werden muss. Wie auch bei Lehrkräften entstehen dabei Bewertungs- und Beurteilungsreflexe, was zu Unsicherheit und Abwehr auf beiden Seiten führen kann.

Ob und inwieweit das gegebene Feedback dann wirklich nützlich ist, hängt zuletzt vom jeweiligen Feedback-Partner bzw. von der jeweiligen Feedback-Partnerin ab. Während manche Lernende hoch motiviert Feedback geben, ist anderen die Arbeit einer Mitschülerin mitunter egal. Um diese Personenabhängigkeit zu reduzieren, hat es sich bewährt, Peer-Feedback in Dreiergruppen anzuleiten, sodass immer eine Person Feedback gibt, eine Person Feedback empfängt und eine dritte Person beobachtet und aufpasst, ob die Checkliste und die Kriterien für gutes Feedback eingehalten werden. Gleichzeitig helfen vorgefertigte Checklisten, Gesprächsleitfäden, Satzanfänge o. Ä., die Qualität des Peer-Feedbacks sicherzustellen.
Die Erfahrung zeigt, dass Peer-Feedback von Anwendung zu Anwendung routinierter und besser wird, die Lernenden sich in einer verantwortlichen Rolle angesprochen fühlen und es zudem einige gibt, die Feedback von Peers besser annehmen können als von Lehrkräften. Positiv ist ferner, dass Lernende durch Peer-Feedback alle nötigen Grundlagen lernen, um sich effektiv selbst beurteilen zu können.
Mein Tipp: Lassen Sie sich nicht entmutigen, wenn die ersten Male noch etwas holprig verlaufen, Peer-Feedback gewinnt an Qualität.

Praktische Tipps zur Moderation von Feedback-Prozessen im Unterricht

Insbesondere das zuletzt skizzierte Peer-Feedback erfordert von Lehrkräften Planung, Vorbereitung von Material, eine entsprechende Einführung mit Übungsphasen und regelmäßige Anwendung. Hinzu kommt, dass Peer-Feedback-Prozesse ein erhöhtes Maß an Anleitung und Moderation benötigen und gerade bei ungeübteren Gruppen der Erfolg mitunter davon abhängt, wie es gelingt, die Lerngruppe anzuleiten. Dabei müssen sie die Aspekte des Beziehungsgeschehens, die Ebenen des Feedbacks und die Kennzeichen eines lernförderlichen Feedbacks im Blick haben.
Im Folgenden sollen einige Hinweise zur Moderation von Feedback-Phasen zusammengefasst werden:

- Feedback-Phasen benötigen einen didaktischen Ort (z. B. am Anfang oder Ende einer Stunde, während oder am Ende einer Lerneinheit, als eigens gesetztes Thema etc.).

- Feedback-Methoden benötigen eine Einführung, eine Erläuterung und eine souveräne Moderation. Dazu zählen Visualisierungen, strukturierte Arbeitsaufträge und antizipierte Zeitbedarfe.
- Eine souveräne Moderation von Feedback-Elementen im Unterricht berücksichtigt Aspekte der Atmosphäre, der wertschätzenden Ansprache, eine störungsfreie Umgebung, ein funktionierendes Classroom-Management, einen routinierten Gruppenfokus, eine Portion Lockerheit und Humor sowie die Fähigkeit, in spontan entstehenden Gesprächsdynamiken besonnen reagieren zu können.
- Wenn Lehrkräfte mit Lernenden in einen Dialog über Lernen und Unterricht eintreten, sind hierarchische Ebenen der Schule vorübergehend und in Teilen „deaktiviert". Damit soll eine Kommunikation auf Augenhöhe hergestellt werden, die ganz schnell wieder zerstört werden kann, wenn Disziplinprobleme zu managen sind oder die Klasse aufgrund unüberlegter Moderation unruhig wird. Aus diesem Grund sind Feedback-Phasen in gewisser Weise besonders „zerbrechliche" Situationen.
- Bei dialogorientierten Feedback-Methoden empfiehlt es sich, organisatorisch aus dem Unterricht „herauszutreten" und eine andere Art der Sitzordnung zu wählen (z. B. einen Gesprächskreis).
- Feedback-Methoden gelingen beim wiederholten Anwenden besser. Je nach Methode können dadurch auch die Ergebnisse besser (= aussagekräftiger) werden. Das gilt ebenso für organisatorische Verfahren, z. B. den Wechsel der Sitzordnung oder das Einfinden in Peer-Feedback-Kleingruppen.

Umgang mit den Ergebnissen

Die Ergebnisse von Feedback sollten ernst genommen, ausgewertet und als Maßstab für Veränderung herangezogen werden. „Konsequenzloses" Feedback, das um seiner selbst willen erhoben wurde, ist wertlos. In diesem Sinne sollte bereits bei der Planung von Peer-Feedback-Phasen berücksichtigt werden, wie anschließend mit den Ergebnissen verfahren werden soll. Ein Ansatzpunkt kann darin bestehen, das Peer-Feedback protokollieren und als Selbstüberprüfungsvorlage zu einem späteren, festgelegten Zeitpunkt noch einmal hervorholen zu lassen. Ebenso zielführend ist es, Peer-Feedback-Protokolle als Vorlage für ein Beratungs-/Lerngespräch mit der Lehrkraft zu nutzen. Diese Variante ist jedoch zeitintensiver und nur in offeneren Phasen des Unterrichtens realisierbar.

Exkurs: Veränderungen im Rollenverständnis von Lehrkräften

„Ohne Feedback keine Veränderung, keine Entwicklung, kein Wachstum."
(Buhren 2015, S. 29)

Wer sich mit Feedback in Schule und Unterricht beschäftigt und den Aufbau einer konstruktiven Feedback-Kultur anstrebt, kommt an einem veränderten Rollenverständnis von Lehrkräften nicht vorbei. Ehrliche Feedback-Prozesse verlangen eine Haltung der Offenheit, gegenseitige Wertschätzung und eine grundsätzliche Bereitschaft, sich selbst als Lernende und das Gegenüber als bedeutsame Quelle für Rückmeldungen zu begreifen. Sowohl bei der Moderation von Feedback-Phasen als auch im Einzelgespräch mit Schülerinnen und Schülern sollten Lehrkräfte aus ihrer belehrenden Rolle heraustreten und auf ein synchrones Kommunikationsverhältnis Wert legen. Das gilt genauso beim Erheben und Besprechen von Unterrichts-Feedback durch die Lernenden, dessen Ziel es ist, den eigenen Unterricht zu verbessern. Gerade beim Thema Feedback wird von Lehrkräften verlangt, sich zur eigenen Professionalisierung offen zu zeigen für die Wahrnehmung anderer. Erfolgreiches Feedback ist entsprechend nicht nur „eine Frage von Kompetenz, sondern vor allem auch von Haltung" (Wisniewski/Zierer 2018, S. 145).

Umrisse eines veränderten Rollenverständnisses für Lehrkräfte:

- Aus der reinen Wissensvermittlung wird Lernbegleitung – Aspekte der Kommunikation, der Beziehung bzw. des Coachings im Sinne einer konstruktiven Lernberatung gewinnen an Bedeutung.
- Lehrkräfte müssen als Fachexperten bzw. -expertinnen nicht alles wissen, sondern sind selbst Lernende in einem auf Dialog und Beziehung ausgelegten Lehr-/Lern-Setting. Ohne Frage ist Fachkompetenz wichtig, kann aber erst im Zusammenspiel mit pädagogischer und didaktischer Kompetenz wirksam werden.
- Fehler sind willkommen! Sie sind sowohl seitens der Lernenden als auch seitens der Lehrkräfte Chancen, ein besseres Verständnis für den eigenen Lernprozess aufzubauen und an sich zu arbeiten.
- Schülerinnen und Schüler sind nicht bloß Konsumierende von Unterricht, sondern aktiv Gestaltende ihres Lernprozesses und sollten als solche angesprochen und zu entsprechendem Verhalten aufgefordert werden.
- Lernende haben eine eigene, wertvolle Perspektive auf den Unterricht und können wichtige Rückmeldungen für Lehrkräfte geben, um diesen weiterzuentwickeln.
- Lehrkräfte sind keine Einzelkämpfer und -kämpferinnen, sondern sollten sich als Teamplayer begreifen und den Dialog über Unterricht und Lernen auch auf das Kollegium ausweiten. Hier gilt es, gemeinsam zu reflektieren, sich Feedback einzuholen, schulbezogene „Fälle" kollegial zu besprechen und durch Rückmeldungen „blinde Flecke" zu schließen.

Zusammenfassung

Feedback ist keine Unterrichtsmethode, die sich nach einem immer gleichen Schema einsetzen lässt. Unabhängig davon, wie schulische Feedback-Prozesse organisiert werden, berühren sie stets Aspekte des Beziehungsgeschehens zwischen Lernenden und Lehrenden. Deshalb sollten die skizzierten allgemeinen Regeln für Feedback-Gebende und -Nehmende Grundlage zur Einführung und zum Üben von Feedback sein. Dabei geht es im Wesentlichen um Atmosphäre, den Verzicht auf Werturteile, Formulierungen in der Ich-Perspektive und den Fokus darauf, in der Sache weiterzukommen. Eine Möglichkeit der Einführung besteht darin, die Regeln mithilfe der Kopfstand-Methode zu veranschaulichen. Dadurch kann gut aufgezeigt werden, was gutes von schlechtem Feedback unterscheidet.
Bezogen auf Lerninhalte wurden Kriterien für lernförderliches Feedback vorgestellt, die an den im zweiten Kapitel beschriebenen Aspekten zum formativen Feedback anschließen. Lernförderliches Feedback erfolgt während des Lernens, soll Lernenden nicht das Denken abnehmen und sich auf teilweise Verstandenes ausrichten. Hinzu kommt, dass dieses Feedback immer individuell zu formulieren ist.
Darüber hinaus wurden Peer-Feedback-Phasen als besonders wertvoll, aber auch herausfordernd dargestellt. Ebenso wie die allgemeinen Regeln, verlangt Peer-Feedback eine Einführung im Unterricht, Übung und regelmäßige Anwendung. Dann aber können Schülerinnen und Schüler in einer veränderten Rolle angesprochen werden und sich gegenseitig wertvolle Rückmeldungen zu Lernprodukten oder zum eigenen Lernprozess geben.
Unabhängig von der jeweiligen Organisation verlangen Feedback-Phasen ein besonderes Augenmerk auf Planung, Vorbereitung, Visualisierung und Moderation im Unterricht. Diese Phasen können als äußerst sensibel dargestellt werden, da sie die für Schule typische Belehr-/Lern-Situation außer Kraft setzen, um metaunterrichtlich in einen Dialog über Schule und Lernen einzutreten. Das verlangt seitens der Lehrkräfte eine erhöhte Moderationskompetenz, eine reflektierte und offene Haltung sowie ein verändertes Selbstverständnis der eigenen Rolle. Hervorzuheben ist das Verständnis von Fehlern als Chance für die Verbesserung von Lernen und die Professionalisierung des eigenen Unterrichts.

3. Überblick über verschiedene Feedback-Methoden

Das Kapitel in der Übersicht

- Feedback-Methoden können über ihren Einsatzzeitpunkt in der Lerneinheit oder über ihre Zielsetzung kategorisiert werden.
- Die Leitfrage „Wozu möchte ich ein Feedback erheben?" ist für die Auswahl der richtigen Methode und für die didaktische Planung entscheidend.
- Klassische Feedback-Methoden reichen von der Daumenabfrage über den Evaluationsbogen bis hin zu Formen der Visualisierung.
- Feedback sollte sich in mündlichen und schriftlichen Rückmeldungen an den Regeln aus Kapitel zwei orientieren.
- Kooperative Unterrichtsformen sind besonders geeignet, um die nötigen Kompetenzen einer Feedback-Kultur zu trainieren.

Lernförderliches Feedback im zeitgemäßen Unterricht umfasst alle Arten von Feedback, die Lernen und Unterrichten verbessern können. Wie in Kapitel vier und fünf noch zu zeigen sein wird, können Lehrkräfte dazu auf eine Vielzahl digitaler Tools zurückgreifen, welche die Arbeit mit Feedback erleichtern. Gleichwohl sollen analoge Feedback-Methoden nicht ausgeschlossen, sondern als Grundlage digitaler Feedback-Arbeit dargestellt werden. Viele von ihnen haben sich in der pädagogischen Praxis bewährt und können in empfehlenswerten Veröffentlichungen nachgelesen werden (u. a. Wilkening 2016, Bastian/Combe/Langer 2016 oder Maitzen 2020).

Je nach Alter, Vorerfahrung, Einsatzgebiet und Ziel der Methode sind analoge Verfahren an einigen Stellen ihren digitalen Alternativen sogar vorzuziehen. Ein wesentliches Merkmal von gutem zeitgemäßen Unterricht ist es, analoge und digitale Verfahren geschickt zu kombinieren. Dazu braucht es jedoch Kriterien, um die richtige Feedback-Methode auszuwählen und zu prüfen, ob diese besser analog umgesetzt wird, in eine digitale Darstellungsweise übertragen werden sollte oder durch ein eigens dafür konzipiertes digitales Tool ersetzt werden könnte.

Kriterien zur Auswahl von Feedback-Methoden

In der Regel sind mit Feedback-Methoden im Unterricht kleinere Arrangements, Aktivierungen und Übungen gemeint, bei denen Lernende zu einem bestimmten Inhalt bzw. einer Fragestellung eine Rückmeldung/Antwort formulieren und/oder ihre Meinung deutlich machen. Dabei geht es meist um Feedback von Schülerinnen und Schülern an die Lehrkraft über ihr eigenes Lernen, das Zurechtkommen im Unterricht oder das Bewerten einer Methode. Viele methodische Ansätze sind ebenso geeignet, um Peer-Feedback-Prozesse anzuleiten und zu moderieren oder um über Unterricht ins Gespräch zu kommen. Inwiefern einzelne Methoden einsetzbar sind, um ein im Sinne Hatties vollständiges Feedback (bezogen auf die Aufgabe, den Prozess, die Selbststeuerung und das Selbst sowie auf die verschiedenen zeitlichen Ebenen) zu ermöglichen, liegt einerseits an der Komplexität der Methode und andererseits an der Art und Weise, wie umfangreich damit gearbeitet wird.

Um den Überblick über die zahlreichen Feedback-Möglichkeiten zu behalten, ist es sinnvoll, Kategorien zu bilden. In der pädagogischen Literatur wird dazu häufig eine Systematisierung verwendet, bei der Feedback-Methoden der jeweiligen Phase im Lernprozess zugeordnet werden (z. B. zum Beginn einer Lerneinheit, bei einem längeren Lernprozess, am Ende usw.) (vgl. Bastian/Combe/Langer 2016 oder Wilkening 2016). Alternativ soll an dieser Stelle vorgeschlagen werden, Feedback-Methoden über die Zielsetzung zu kategorisieren. Das ermöglicht, einzelne Methoden für unterschiedliche Phasen des Lernprozesses einzusetzen. Die Kategorisierungen können herangezogen werden, um die richtige, zum eigenen Ziel passende Methode auszuwählen. Dabei wird deutlich, dass die Methoden in den einzelnen Kategorien auch auf die anderen Feedback-Ebenen übertragen werden können.

Entscheidend ist deshalb die Frage: Wozu möchte ich ein Feedback erheben?

Es sollen folgende Kategorien vorgeschlagen werden:
- Methoden für eine kurze und schnelle Rückmeldung/Reaktion.
- Methoden für eine ausführliche inhaltliche Rückmeldung.
- Methoden, die der Selbstreflexion dienen und/oder als Gesprächsanlass verwendet werden können (z. B. bei der Begleitung eines Lernprozesses) – eigentlich Selbstevaluations-Methoden.
- Visualisierungs-Methoden zu Meinungen/Einschätzungen/Bewertungen, die für sich stehen und/oder als Gesprächsanlass in Feedback-Gesprächen verwendet werden können (z. B. bei Einzel- und Gruppengesprächen).

Wie noch zu zeigen sein wird, eignen sich diese Kategorien zugleich als Ausgangsüberlegung zur Systematisierung digitaler Feedback-Tools. Auch hier ist das jeweilige Ziel, wozu Feedback erhoben oder gegeben werden soll, entscheidend. Leichte Verschiebungen gibt es letztlich aber doch, u. a. aufgrund der Tatsache, dass Rückmeldungen dank technischer Möglichkeiten automatisiert erstellt werden können.

Leitfragen für die Methoden-Auswahl
Wenn Lehrkräfte Feedback im Unterricht einsetzen möchten, sollten sie sich also zunächst über ihr Ziel klar werden und erst dann nach der entsprechenden Methode Ausschau halten. Da die Auswahl jedoch ungemein groß ist und die Methoden sich selbst bei identischer Zielsetzung in Zeitumfang, Schwierigkeitsgrad und Aufwand enorm unterscheiden, sollen darüber hinaus weitere Leitfragen für die Auswahl empfohlen werden:
- Für wen soll das Feedback erhoben werden?
- Wie viel Zeit steht mir für die Erhebung des Feedbacks zur Verfügung?
- Welche Methode ist vom Schwierigkeitsgrad angemessen?
- Mit welcher Methode habe ich bzw. hat meine Lerngruppe oder die Zielperson bereits Erfahrung?
- Wie viel Zeit steht mir für die Auswertung zur Verfügung?
- Wie will ich mit den erhobenen Daten weiterarbeiten?

Hervorzuheben ist dabei insbesondere der letzte Aspekt. Das Erheben von Feedback ergibt nur Sinn, wenn mit der gewonnenen Information weitergearbeitet wird. Für Schülerinnen und Schüler können sich z. B. Anknüpfungspunkte wie selbst gesteckte Ziele ergeben, die anschließend regelmäßig überprüft werden. Für Lehrkräfte können Rückmeldungen auf Unterrichtsinhalte, Aufgaben oder Methoden Hinweise darauf geben, bestimmte Unterrichtsverfahren zu ersetzen und andere Wege auszuprobieren. Der bereits angesprochene Dialog über Lernen und Unterricht entsteht jedoch erst, wenn auch diese „Konsequenzen“ wieder reflektiert und in Verbindung mit dem zuvor erhobenen Feedback gebracht werden.

Klassische, analoge Feedback-Methoden

Ein Blick in verschiedene Veröffentlichungen zum Thema Feedback zeigt, dass Lehrkräfte auf zahlreiche Methoden zurückgreifen können. Um den bereits bestehenden Sammlungen nicht noch eine weitere unübersichtliche Liste hinzuzufügen, soll sich nun auf einige wenige Methoden beschränkt werden, anhand derer die Kategorisierung deutlich gemacht werden kann. Überdies repräsentiert die Auswahl typische Methoden, die sich in der Unterrichtspraxis bewährt haben.

Schnelle Rückmeldung	Ausführliche Evaluation	Methoden zur Selbstreflexion	Visualisierungen/ Gesprächsanlässe
Daumenabfrage	*Fragebogen-Evaluation*	*Reflexionsbogen/ Checkliste*	*Fünf-Finger-Methode*
Signalkarten	*Kartenabfrage*	*Tagebuch/ Lernjournal*	*Bewertungsmatrix (Zielscheibe, Punktabfrage)*
Blitzlicht	*SOFT-Analyse*	*Portfolio*	*Bildkarten und/oder Karten mit Satzanfängen*
	Peer-Review	*Lerngespräch*	

Übersicht über klassische Feedback-Methoden

Methoden für eine schnelle Rückmeldung

Daumenabfrage

Prinzip: Per Daumensignal wird eine kurze Rückmeldung einzelner oder mehrerer Personen abgefragt (nach oben/unten oder mittig ausgerichtet). Die Methode eignet sich, um ein Stimmungsbild einzuholen.

Beispiel: Die Daumenabfrage kann eingesetzt werden, um abzufragen, ob die Bearbeitung einer Aufgabe für alle zufriedenstellend abgeschlossen wurde.

Vorteile: Es ist keine Vorbereitung nötig. Sie kann spontan eingesetzt werden, ist niederschwellig für alle Jahrgangsstufen geeignet und stellt eine hohe Beteiligung sicher (auch von Lernenden, die sich an einer verbalen Rückmeldung nicht beteiligen würden).

Nachteile: Die Daumenabfrage liefert nur einen geringen Informationsgewinn und ist lediglich bei oberflächlichen Fragestellungen geeignet.

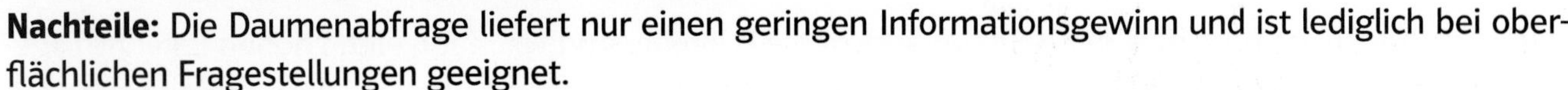

Signalkarten

Prinzip: Signalkarten eignen sich für kurze Rückmeldungen aus der Gruppe bei Abstimmungen oder einem Stimmungsbild (gestaltet über Farben, Bilder, Symbole). Die Methode kann für Zuordnungen, als Gesprächsanlass und zur groben Strukturierung von Einschätzungen verwendet werden.

Beispiel: Beim Einsatz eines Team-Pin-Boards werden Verhaltens- bzw. Sozialziele festgelegt (z. B. als Ziel des Monats). Bei der täglichen Reflexion wird anhand von Smileys in den Farben grün, gelb und rot darüber nachgedacht, wie gut es am jeweiligen Tag gelungen ist, das Ziel einzuhalten.

Vorteile: Es ist nur eine geringe Vorbereitung nötig und die Methode kann ohne großen Zeitaufwand spontan eingesetzt werden. Die Signalkarten geben eine erste Orientierung, in welche Richtung die Rückmeldung gehen kann. Lernenden, denen es schwerfällt, eine freie Rückmeldung zu formulieren, können sich einer Karte zuordnen.
Nachteile: Die Signalkarten allein bringen kaum Erkenntnisgewinn. Entscheidend sind die Moderation und Weiterverarbeitung der Rückmeldungen. Letztere ist jedoch unklar, da i.d.R. keine Rückmeldungen festgehalten werden.

Blitzlicht

Prinzip: Ein Blitzlicht generiert eine kurze Rückmeldung aus der Gruppe, verbal oder per Signalkarte. Es eignet sich dann, wenn ein kurzes Stimmungsbild zu bestimmten Anlässen mit Begründung erfasst werden soll.
Beispiel: Ein Blitzlicht kann nach dem Ausprobieren einer neuen Unterrichtsmethode eingesetzt werden. Dabei werden einige Lernende aufgerufen und gebeten, ihre Meinung kurz darzustellen und zu begründen. Es können Signalkarten zur Unterstützung hinzugenommen werden. Die Beiträge sollen kurz gehalten werden. Beim Blitzlicht geht es nicht um eine ausführliche Analyse, sondern eher um ein gemeinsames und spontanes Nachdenken.

Vorteile: Die Methode ist nahezu immer und überall ohne Vorbereitung einsetzbar. Blitzlichter werden nach einigen Durchläufen routinierter und ermöglichen eine schnelle, erste Einschätzung.
Nachteile: Werden zu viele Rückmeldungen eingeholt, können Blitzlichter langwierig werden. Die weitere Verarbeitung des Feedbacks ist unklar, da es i.d.R. nicht festgehalten wird.

Methoden für eine ausführlichere Evaluation

Fragebogen-Evaluation

Prinzip: Lernenden wird ein klassischer Fragebogen mit offenen und geschlossenen Items ausgehändigt. Dieser wird ausgefüllt, ausgewertet und anschließend besprochen. Die Fragebogen-Evaluation kann in vielen Zusammenhängen eingesetzt werden und der Beginn eines echten Dialogs über Lernen, Zusammenarbeit, Erfolg etc. sein.
Beispiel: Nach einer Lernsequenz wird Schülerinnen und Schülern ein Fragebogen ausgehändigt, mit dessen Fragen sie den Unterricht und ihren Lernerfolg bewerten. Der Fragebogen wird im Anschluss ausgewertet und mit der Lerngruppe besprochen.

Vorteile: Je nach Aussagekraft der Items verspricht die Fragebogen-Evaluation einen hohen Erkenntnisgewinn. Durch die Kombination offener und geschlossener Fragen können zahlreiche Informationen erlangt werden.
Nachteile: Die Entwicklung und Auswertung aussagekräftiger, präziser Fragebögen ist zeitintensiv und anspruchsvoll. Deshalb ist es ratsam, auf vorgefertigte Tools zurückzugreifen (z. B. *FeedbackSchule*, *Edkimo* und *IQES*).

Kartenabfrage

Prinzip: Bei der Kartenabfrage werden kurze schriftliche Kommentare per Wortkarte eingesammelt, aufgehängt und danach ausgewertet.

Beispiel: Lernende reflektieren den Besuch eines außerschulischen Lernortes. Auf grünen Karten werden positive Aspekte gesammelt, auf roten Karten negative. Um die Formulierung zu erleichtern, werden Satzanfänge vorformuliert.

Vorteile: Kartenabfragen benötigen wenig Vorbereitung und sind zu zahlreichen Themen einsetzbar. Durch das offene Format erhält man eine aussagekräftige Rückmeldung. Kartenabfragen eignen sich darüber hinaus als Gesprächsanlass und Visualisierung, auf die zu einem späteren Zeitpunkt zurückgegriffen werden kann.
Nachteile: Kartenabfragen können für Schülerinnen und Schüler langwierig werden, da über längere Phasen zugehört werden muss. Inwieweit es gelingt, die Methode als Gesprächsanlass zu nutzen, hängt von der Moderation des Gesprächs ab.

SOFT-Methode

Prinzip: Bei der SOFT-Methode handelt es sich um eine schriftliche 4-Felder-Analyse zu Stärken, Chancen, Schwächen und Bedrohungen mit anschließender Auswertung.
Beispiel: Lernende reflektieren die Zusammenarbeit in der Klasse, indem die vier Felder erst allein ausgefüllt und später in der Kleingruppe besprochen werden. Die Auswertung erfolgt im Plenum.

Vorteile: Die Methode verspricht einen hohen Erkenntnisgewinn und ermöglicht schriftliches Feedback mit Auswertung in der Gruppe. Sie ist klar vorstrukturiert und über eine eindeutige Fragestellung einfach zu moderieren. Die Ergebnisse liegen schriftlich vor, sodass eine Weiterarbeit direkt oder zu einem späteren Zeitpunkt erfolgen kann.
Nachteile: Die SOFT-Analyse erfordert von den Teilnehmenden eine größere Abstrahierungs-Fähigkeit. Aus diesem Grund ist sie nicht für alle Lerngruppen und erst ab einem bestimmten Alter geeignet.

Peer-Review

Prinzip: Bei einem Peer-Review stellen sich Lernende ihre Ergebnisse oder Lernprodukte gegenseitig vor. Der jeweils zuhörende Partner bzw. die Partnerin gibt danach ein Feedback nach festgelegten Kriterien oder einer Checkliste, sodass das Lernprodukt später überarbeitet werden kann. Das Peer-Review-Verfahren kann beispielsweise kurz vor Ende einer Projektarbeit eingesetzt werden. Es kann auch anonymisiert und in schriftlicher Form durchgeführt werden, indem Lernprodukte per Zufall verteilt und entsprechend kommentiert werden.
Beispiel: Nach einem Betriebspraktikum erstellen Schülerinnen und Schüler eine digitale Präsentation über ihre Praktikumswoche, teils in der Schule, teils in häuslicher Arbeit. In der Woche vor dem Abgabe-/ Präsentationstermin wird im Peer-Review-Verfahren eine Art Endkontrolle geleistet, sodass die Arbeit dank wertvoller Hinweise noch verbessert werden kann.

Vorteile: Das Peer-Review-Verfahren spricht Lernende in einer verantwortungsvollen Rolle an. Es ist dadurch sehr motivierend und entlastet Lehrkräfte, indem das Geben von Feedback an die Lernenden abgegeben wird.
Nachteile: Der Vorbereitungsaufwand ist etwas höher als bei einem „freien" Feedback, da eine Checkliste bzw. ein Kriterienkatalog erarbeitet und idealerweise gegenüber den Lernenden transparent gemacht werden muss. Hinzu kommt, dass die Ergebnisse des Reviews unterschiedlich ausfallen können, weil einige Lernende das Verfahren möglicherweise zu wenig ernst nehmen oder beim Durchsehen einer Arbeit Unterstützung benötigen. Es empfiehlt sich, das Verfahren regelmäßig anzuwenden, damit die Ergebnisse besser werden.

Methoden zur Selbstreflexion

Reflexionsbogen / Checkliste

Prinzip: Reflexionsbögen sind Fragebögen zur Selbstreflexion mit offenen oder geschlossenen Items. Diese werden ausgefüllt, aber nicht gemeinsam besprochen. Checklisten können in verschiedenen Zusammenhängen eingesetzt werden und bilden die Grundlage für weiterführende Lernberatungen.
Beispiel: Beim Dreh eines Erklärvideos wird in der Woche vor dem Abgabetermin eine Checkliste zur Selbstreflexion ausgegeben. Damit können Schülerinnen und Schüler prüfen, an welche Punkte sie denken sollten und welche Aspekte noch verbessert werden könnten.

Vorteile: Lernende werden mit Checklisten in ihrer Eigenverantwortlichkeit angesprochen und befähigt, den Erfolg ihres Lernprozesses selbst zu prüfen. Schülerinnen und Schüler, die zum selbstständigen Arbeiten in der Lage sind, nehmen derartige Angebote i.d.R. gerne an. Zudem erhöhen Reflexionsbögen und Checklisten die Transparenz, insofern sie als Grundlage für spätere Bewertungen herangezogen werden.
Nachteile: Die Entwicklung aussagekräftiger Reflexionsbögen ist zeitintensiv und anspruchsvoll. Leistungsschwächere Lernende brauchen oft Unterstützung, um die Reflexionsaspekte auf ihr eigenes Lernprodukt zu übertragen. Es besteht also eine gewisse „Gefahr", dass die Reflexionsleistung verpufft.

Tagebuch/Lernjournal

Prinzip: Ein Tagebuch oder Lernjournal ist ein längerfristig angelegter Schreibrahmen zur Selbstreflexion. Im Wechselspiel mit einer Lehrkraft kann die Methode auch dialogisch verwendet werden. In einem Lernjournal werden Schreibanlässe geschaffen, um über die eigene Lernleistung nachzudenken. Es kann in Form eines Heftes angelegt werden.
Beispiel: Das Lernjournal ist schuljahresbegleitend und fächerübergreifend angelegt. Am Ende eines jeden Unterrichtstages werden 20 Minuten reserviert, in denen darin eingetragen wird, was heute erarbeitet/gelernt wurde, was gut funktioniert hat und wo es Schwierigkeiten gab.

Vorteile: Lernjournale fördern die Selbstreflexion und die Fähigkeit zur Metakognition. Lernergebnisse werden auf diesem Weg sichtbar gemacht, weshalb die Methode auf Dauer motivierend wirkt. Die entstandenen Schriftstücke bilden eine gute Grundlage für Beratungs-, Lern- und Elterngespräche.
Nachteile: Die Methode ist sehr zeitintensiv und erfordert es, am Ball zu bleiben. Je nach Alter der Lernenden ist es hilfreich, das Lernjournal mit Kategorien und Satzanfängen vorzustrukturieren, was einen größeren Planungs- und Vorbereitungsaufwand darstellt. Ein Lernjournal sollte nicht nur individuell „befüllt" werden, sondern auch einen Anlass für andere Feedback- oder Beratungsprozesse darstellen und in ein größeres Feedback-Konzept eingebunden werden.

Portfolio

Prinzip: Portfolios sind individuelle und längerfristige Sammlungen zu Meilensteinen des eigenen Lern- und Entwicklungsprozesses. Portfolioarbeiten können auch inhaltlich und für unterrichtliche Zusammenhänge (z.B. lernsequenzbegleitend) genutzt werden.
Beispiel: Schülerinnen und Schüler sammeln alle Unterlagen, Zeugnisse, Praktikumsberichte, Bewerbungstrainings und Projektarbeiten rund um das Thema Berufsorientierung in einem Portfolio und nutzen diese Sammlung für die Berufswahl und das Bewerbungsverfahren.

Vorteile: Die Portfolioarbeit macht Lernen und Lernergebnisse über einen längeren Zeitraum sichtbar und stellt diese in einer Art Schaufenster aus. Lernende sind meist sehr motiviert darin, ihre Sammlungen ansprechend aufzubereiten, und stolz auf die Ergebnisse. Die Portfolioarbeit ermöglicht zahlreiche Anknüpfungspunkte für Beratung, Feedback, Peer-Review-Verfahren, Präsentationen etc. Ähnlich wie das Lernjournal werden Lernstrategien sowie Fähigkeiten zur Selbstorganisation und Metakognition gefördert. Eine digitale Umsetzungsvariante mit Microsoft® PowerPoint wird in Kapitel sieben vorgestellt.
Nachteile: Portfolioarbeiten sind zeitintensiv und erfordern einen größeren Planungs- und Vorbereitungsaufwand. Diese Zeit fehlt an anderer Stelle im Unterricht, weshalb die anfängliche Hürde für diese Methode groß ist. Ähnlich wie bei anderen anspruchsvolleren Methoden können Schülerinnen und Schüler anfangs mit der Arbeit überfordert sein, was eine entsprechende Begleitung nötig macht.

Lerngespräch

Prinzip: Lehrkräfte vereinbaren mit Lernenden einen individuellen Beratungstermin im Einzel- oder Kleingruppengespräch. Es kann unregelmäßig oder formell als Lernentwicklungsgespräch mit Eltern geführt werden. Das Gespräch wird mithilfe eines Selbsteinschätzungsbogens vorbereitet und die Ergebnisse werden schriftlich festgehalten. In der Regel werden weiterführende Vereinbarungen getroffen.
Beispiel: Schülerinnen und Schüler werden einmal pro Halbjahr einzeln für ein Lerngespräch in einer offenen Lern- oder Arbeitsphase aus dem Unterricht geholt. Gemeinsam werden verschiedene Themenbereiche beleuchtet: Stand in der Klasse, Zufriedenheit mit den eigenen Lernerfolgen, Umgang mit Hausaufgaben und Probenvorbereitungen, Unterstützung zu Hause, Leistungsstand in einzelnen Fächern oder Wünsche. Ausgangspunkt ist die jeweilige Selbsteinschätzung.

Vorteile: Derartige Lerngespräche sind intensiv und ermöglichen einen engen Kontakt. Im geschützten Rahmen eines Vieraugengesprächs sind sie für viele Themenfelder sehr ergiebig und fördern die Lehrenden-Lernenden-Beziehung. Mit einem entsprechenden Protokoll können die Gespräche sowohl Teil der schriftlichen Schülerbeobachtungen werden als auch als Grundlage für weiterführende Gespräche geeignet sein. Lerngespräche ermöglichen Selbstreflexion, die Verbesserung von Lernstrategien und Metakognition sowie die persönliche Entwicklung der Lernenden.
Nachteile: Lerngespräche kosten Zeit und sind nicht immer während des Unterrichtsalltags zu organisieren. Zudem sind Vor- und Nachbereitung zeitintensiv, besonders dann, wenn das Gespräch mit Erziehungsberechtigten gemeinsam geführt wird. Alternativ können Schülerinnen und Schüler in Kleingruppen zusammengefasst werden, wenn sich das Lerngespräch auf konkrete Lernphasen bezieht. Lerngespräche sind eher für Schularten geeignet, die nach dem Klassenlehrerprinzip organisiert sind.

Methoden für Visualisierungen und Gesprächsanlässe

Fünf-Finger-Methode

Prinzip: Anhand der eigenen oder einer visualisierten Hand wird Feedback zu fünf variablen Punkten formuliert, die durch die einzelnen Finger symbolisiert werden.
Beispiel: Lernende formulieren anhand ihrer fünf Finger im Unterrichtsgespräch oder abschließenden Stuhlkreis eine Rückmeldung zu einem gemeinsamen Projekttag zum Thema Umwelterziehung. Die Lehrkraft hält die Rückmeldungen fest, um die Ergebnisse in der Nachbesprechung des Lehrkräfteteams weiterzugeben. Mögliche Kategorien: *Neu war für mich, besonders gefallen hat mir, das nehme ich mit, das kam zu kurz, das hat mir nicht gefallen.*

Vorteile: Die Methode ist als visueller Gesprächsanlass niederschwellig und auf verschiedenste Zusammenhänge übertragbar. Dank eindeutiger Kategorien kann sie in nahezu jeder Altersstufe angewendet werden.
Nachteile: Um sicherzustellen, dass keine Finger-Kategorie vergessen wird, empfiehlt es sich, die Satzanfänge zu visualisieren. Ähnlich wie bei Signalkarten besteht die Gefahr, dass die Ergebnisse ohne Verschriftlichung flüchtig sind und nicht weiter genutzt werden können. Aufgrund der spontanen Formulierungen ist das Feedback nur als Überblick geeignet und liefert noch zu wenig Daten für eine ausführliche Analyse.

Bewertungsmatrix

Prinzip: Lernende hinterlassen Punkte auf einer Bewertungsskala. Die inhaltlichen Kriterien sind austauschbar, die Auswertung folgt im Anschluss gemeinsam. Die Feedback-Methode besteht damit aus zwei Phasen, wobei die letztere nicht zwingend notwendig ist. Die Auswertung kann aber durch eine offene Frage/verbale Ergänzung erweitert werden.
Beispiel: Schülerinnen und Schüler hinterlassen am Ende einer Mathematikstunde Klebepunkte auf einer Zielscheibe und bewerten damit die Stunde und ihren Lernerfolg. Mögliche Kategorien: *Die Stunde war interessant für mich, die Lehrkraft hatte klare Erwartungen an mich, die Stunde hatte einen roten Faden, die Lehrkraft hat für eine störungsfreie Arbeitsatmosphäre gesorgt.*

Vorteile: Zielscheiben (und andere Formen einer Bewertungsmatrix) sind mit geringem Aufwand vorzubereiten und benötigen wenig Zeit für die Durchführung. Dank der klaren Bewertungsskala erhält man eine eindeutige Rückmeldung, auf deren Basis das Gespräch gesucht werden kann. Derartige Methoden sind zu zahlreichen Themen und in allen Jahrgangsstufen sowie fachübergreifend einsetzbar.
Nachteile: Die Ergebnisse eines Rankings oder einer Zielscheibe geben nur einen Überblick. Für eine genauere Analyse müssen sie übersetzt werden, z. B. in einem anschließenden Gespräch über den Unterricht.

Bildkarten

Prinzip: Mit Bildkarten wird eine kurze Rückmeldung aus der Gruppe eingeholt, etwa bei Abstimmungen, einem Stimmungsbild zu strittigen Fragen etc. Die Methode ist gestaltet über Farben, Bilder, und/oder Symbole. Die Abstimmungsergebnisse können als Gesprächsanlass verwendet werden.
Beispiel: Zu Beginn eines Unterrichtstages werden Lernende gebeten, anhand von Wetter-Symbolkarten darzustellen, wie sie sich fühlen. Die Rückmeldungen werden im Unterrichtsgespräch zusammengetragen.

Vorteile: Für den Einsatz von Bildkarten ist nur eine geringe Vorbereitung nötig. Die Methode kann bei vorbereiteten Karten ohne großen Zeitaufwand spontan eingesetzt werden. Die Bildkarten helfen Lernenden, ihre Rückmeldung vorzustrukturieren. Sie sind darüber hinaus als Gesprächsimpuls niederschwellig sowie fach- und jahrgangsstufenübergreifend einsetzbar. Lernende, denen es schwerfällt, eine freie Rückmeldung zu formulieren, können sich einer Karte zuordnen.
Nachteile: Bild- und Signalkarten allein bringen kaum Erkenntnisgewinn. Entscheidend sind die Moderation und Weiterverarbeitung der Rückmeldungen.

Methoden vielseitig einsetzen

Anhand der Unterscheidung wird deutlich, dass Feedback-Methoden erst über die Zielsetzung zu einem wirkungsvollen Instrument werden. Aus diesem Grund sollte einer Lehrkraft sehr genau bewusst sein, ob sie Lernende zur Selbsteinschätzung des eigenen Lernstandes bringen, eine Rückmeldung zu Lernergebnissen einer Unterrichtsstunde bzw. einer Methode einholen oder einen Gesprächsanlass für eine Lernberatung schaffen möchte. Um eine Methode für ein effektives Feedback einzusetzen, muss die Lehrkraft also wissen, für wen das Feedback ist, wozu es gut sein soll, wie sie es erheben kann und wie es damit weitergeht.
Überdies wird deutlich, dass die Methoden auch in unterschiedlichen Geber-Nehmer-Konstellationen zum Einsatz kommen können. So weist u.a. Maitzen (2020, S. 7) darauf hin, dass verschiedene Methoden als Lehrer-Feedback, Schüler-Feedback, Peer-Feedback oder zur Selbstreflexion eingesetzt werden können. Die folgende Tabelle soll für die vorgestellten Methoden zeigen, für welche Konstellationen sie geeignet sind.

Geber-Nehmer-Konstellation / Feedback-Methoden	Lehrer-Feedback	Schüler-Feedback	Peer-Feedback	Selbstreflexion
Daumenabfrage		x		
Signalkarten	x	x	x	
Blitzlicht		x	x	
Fragebogen-Evaluation		x	x	x
Kartenabfrage		x		
SOFT-Analyse	x	x		x
Peer-Review			x	
Reflexionsbogen/Checkliste	x	x	x	x
Tagebuch/Lernjournal	x	x		x
Portfolio	x	x		x
Lerngespräch	x	x		x
Fünf-Finger-Methode		x	x	x
Bewertungsmatrix	x	x	x	x
Bildkarten/Satzanfänge		x	x	x

Sonstige Rückmeldungen

Mit Ausnahme des Lerngesprächs kommen alle vorgestellten Methoden mit bestimmten visuellen Zugängen daher (z. B. Fünf-Finger-Methode) oder ermöglichen Feedback über die Art des Unterrichtsverfahrens (z. B. Portfolio-Arbeit). Wie bereits angedeutet, taucht Feedback im schulischen Kontext jedoch in den meisten Fällen als mündliche oder schriftliche Rückmeldung auf. Aus diesem Grund soll noch einmal separat darauf eingegangen werden, welche Formen hierzu sehr bewusst als lernförderliches Feedback eingesetzt werden können.

Mündliche Rückmeldungen

Verbales Feedback zu Aufgaben im Unterricht, zur Mitarbeit oder zu einer Klassenarbeit geschieht häufig unüberlegt und spontan. Dabei läuft es Gefahr, das Gegenüber zu überfordern, Fehler oder Kritik überzubetonen und dabei Abwehr zu erzeugen. Um das zu verhindern, sollten Lehrkräfte auch bei alltäglichen mündlichen Rückmeldungen hinsichtlich Feedback-Regeln sensibel sein und den Fokus auf positive Aspekte bzw. zu verbessernde Elemente richten. Je nach Blickwinkel haben Schülerinnen und Schüler etwa „noch ein Detail übersehen", „sollten sich noch eine Anregung holen", „ihr Ergebnis bei einem Nachbarn überprüfen", „sich von einer Mitschülerin einen interessanten Lösungsweg zeigen lassen", „die Arbeitsschritte nochmals mit dem Hefteintrag abgleichen" usw.

Im Kern geht es darum, Rückmeldungen auf eine nicht verletzende Weise zu formulieren, ohne sich als Lehrkraft dabei verbiegen zu müssen. Selbstverständlich können derartige Anmerkungen um Lob erweitert werden, durchaus auch so, dass alle es hören können. Hierbei sollte man sich jedoch bewusst sein, dass Lob ohne inhaltlichen Bezug ein Werturteil darstellt und als Feedback ungeeignet ist. Negatives und Kritik sollten hingegen in einen anderen, geschützteren Rahmen verlegt werden, der es dem Gegenüber ermöglicht, selbst kritisches Feedback und Verbesserungsbedarf anzuhören, zu prüfen, nachzufragen und anzunehmen.

Hinzu kommt, dass mündliche Rückmeldungen als vollständiges Feedback ebenfalls neben der Aufgabe den Prozess, das Selbst und die Selbstregulation berücksichtigen sowie die zeitlichen Ebenen im Blick behalten sollten. Die an Lernende gerichteten Aussagen bzw. Fragen „Erklär mir, wie du mit einer Aufgabe zurechtkommst", „Mich interessiert, was du dir bei der Bearbeitung deiner Aufgabe noch vorgenommen hast" oder „Welche deiner Ziele hast du erreicht, welche noch nicht?" eröffnen Feedback-Gespräche, die weitaus lernförderlicher verlaufen können als ein Kommentar, der nur darauf hinweist, was an der Aufgabe falsch ist.

Schriftliche Rückmeldungen

Ähnlich wie bei mündlichen Rückmeldungen verhält es sich bei schriftlichen Anmerkungen. Diese finden sich i. d. R. als Korrektur oder abschließende Bewertungen unter Hefteinträgen, Wochenplänen, Aufsätzen, Hausaufgaben, Proben, Schulaufgaben, Bewertungsbögen bei Referaten bzw. Lernprodukten sowie als Anmerkung in einem Lernjournal oder Portfolio. Mit Blick auf die Feedback-Regeln sollte auch hier auf eine defizitorientierte Sprache verzichtet werden. Im Rahmen einer Leistungsbewertung ist für Lernende über die Punkte bzw. Note ohnehin bereits eine bewertende Rückmeldung gegeben, sodass ein zusätzlicher schriftlicher Kommentar im Sinne eines lernförderlichen Feedbacks eher Tipps, Hinweise, Ermutigungen oder besondere Auffälligkeiten hervorheben und nicht noch einmal Fehler auflisten sollte. Mit Fokus auf die Ebenen von Feedback können hier beispielsweise Aspekte des Lernprozesses oder Hinweise zur Selbstorganisation platziert werden, ebenso wie sich Lehrkräfte auf die zeitliche Ebene des „Feed-forward" (Wohin gehst du danach?) konzentrieren sollten. Schriftliche Rückmeldungen sollten daher vom Kerngedanken getragen werden, Lernende zu befähigen, zukünftig erfolgreicher lernen zu können.

Unterrichts-Feedback mit analogen Verfahren
Anhand der Tabelle zu den Feedback-Methoden in verschiedenen Konstellationen wird deutlich, dass eine Reihe von Methoden für das Schüler- bzw. das Unterrichts-Feedback geeignet ist. In diesem Zusammenhang soll noch einmal darauf hingewiesen werden, dass eine kurze Rückmeldung am Ende einer Stunde (z. B. mit einer Bewertungsmatrix) freilich keine formative Evaluation im Sinne einer echten Untersuchung darstellt. In der Praxis liefert sie dennoch nützliche Hinweise, z. B., um einen ersten Eindruck abzufragen. Entscheidend ist bei einer regelmäßigen Feedback-Kultur ohnehin, dass Lernende in vielfältigen Formaten um ihre Einschätzung gebeten und im Dialog über Unterricht als Expertinnen und Experten angesprochen werden. Da nützt es nichts, wenn ein ausführlicher und wissenschaftlichen Standards genügender Evaluationsbogen zum Einsatz kommt, der dafür aber nur einmal im Schuljahr und im schlimmsten Fall noch am Tag vor den großen Ferien ausgegeben wird. Vielmehr geht es darum, unterschiedliche Methoden in unterschiedlichem Umfang situations- und adressatengerecht zu platzieren.

Kooperative Unterrichtsverfahren, die eine Feedback-Kultur im Klassenzimmer begünstigen

Grundsätzlich darf nicht vergessen werden, dass Lernende in der Beschäftigung mit einer Aufgabe auch eine Art Feedback erhalten, z. B., indem diese innerlich kommentiert wird (vgl. Winter 2021). Ähnlich verhält es sich, wenn Schülerinnen und Schüler gemeinsam an einer Aufgabe arbeiten, über eine Aufgabe sprechen, die Lernfortschritte der anderen kommentieren oder Lernergebnisse zusammen arrangieren und/oder vortragen müssen. Daher stellen kooperativ angelegte Unterrichtsverfahren Formen dar, in denen Feedback-Elemente automatisch aktiviert werden. Durch die Hattie-Studien in Visible Learning ist bekannt, dass derartige Unterrichtsverfahren gegenüber individuellen Lernformen eine Effektstärke von d: 0,59 aufweisen, was u. a. darauf zurückzuführen sein dürfte, dass hierbei kommunikative Elemente und eben kontinuierliche Feedback-Momente vorhanden sind. Die folgenden kooperativ angelegten Unterrichtsverfahren eignen sich daher besonders, um Lernende aufgabenbezogen dazu anzuleiten, wechselseitige Feedback-Prozesse zu aktivieren und so eine unterrichtliche Feedback-Kultur bzw. gegenseitige Beratungskultur (im Gegensatz zum Einzelkämpfertum) zu etablieren. Sie stehen exemplarisch für eine Reihe geeigneter Methoden, die fach- und jahrgangsstufenübergreifend eingesetzt werden können.

Kommunikationstraining durch kooperative Unterrichtsformen
Partner- und gruppenbezogene Aufgaben leben davon, dass sie besser mit anderen als allein gelöst werden können. In ihren Aufgabenstellungen sollte deshalb angelegt sein, dass Lernende miteinander sprechen und Teilaufgaben verteilen müssen. So werden Kompetenzen Einzelner kombiniert, um in der Summe ein besseres Ergebnis zu erzielen, als wenn dieselbe Aufgabe von nur einer Person bearbeitet worden wäre. Feedback-Elemente werden hierbei im Austausch, in der Planung, im wechselseitigen Kommentieren der Teilergebnisse und im gemeinsamen Überarbeiten sichtbar.
In der Unterrichtspraxis zeigt sich jedoch häufig, dass eben diese kommunikativen Elemente zu Problemen führen, weil Lernende noch nicht die nötigen Kompetenzen entwickeln konnten. Gleiches gilt für die hier angestellten Überlegungen zum Thema Feedback. Partner- und gruppenbezogene Aufgaben erfordern Teamfähigkeit, kommunikative und soziale Kompetenzen und die Fähigkeit, Rückmeldungen an andere so zu formulieren, dass sie dem gemeinsamen Arbeitsprozess förderlich sind. Gleichzeitig werden all diese Ansprüche in diesen Arbeitsformen geübt und trainiert. Für Lehrkräfte sollte daher klar sein, dass gruppenbezogene Aufgaben nicht sofort gelingen können, sondern eine Einführung (z. B. zur Absprache von Regeln) sowie Training (z. B. für Abläufe, verschiedene Rollen und Feedback) benötigen. Wie bei der Methode des Peer-Reviews werden diese Unterrichtsverfahren von Mal zu Mal besser gelingen und beim Aufbau einer lernförderlichen Feedback-Kultur helfen.

Beispiel 1: Das Partner- und Gruppenpuzzle

Das sog. **Partnerpuzzle** stellt eine besondere Form der Partner- bzw. Gruppenarbeit dar, in der die wechselseitige Abhängigkeit noch einmal vergrößert wird. Dabei erarbeiten Schülerinnen und Schüler einen Inhalt zuerst allein, um diesen anschließend in einem themengleichen Lernpaar abzugleichen und eine passende bzw. verlangte Präsentationsform (z. B. ein Plakat) zu erstellen. Danach werden die Paare wieder gemischt, sodass die Lernenden ihre Inhalte einem neuen Partner bzw. einer neuen Partnerin präsentieren müssen und selbst wiederum einen anderen Inhalt präsentiert bekommen. Nach der Phase der wechselseitigen Instruktion gehen die Lernenden in ihre themengleichen Konstellationen zurück und berichten von ihren Erfahrungen bzw. schließen letzte Wissenslücken.

Das **Gruppenpuzzle** folgt demselben Aufbau. So wird in der Phase der Konstruktion (Selbsterschließung der Inhalte), der Ko-Konstruktion (Abgleich in einer themengleichen Gruppe), der Instruktion (Präsentation der Inhalte in einer durchmischten Gruppe) sowie der Ko-Konstruktion in der Ursprungsgruppe gearbeitet. Beide Unterrichtsformen enthalten dabei verschiedene Phasen, in denen sich Lernende unterstützen, gemeinsam planen, Feedback geben und ihren Fortschritt kommentieren.

Beispiel 2: Das Lerntempoduett

Mit dem sog. **Lerntempoduett** kann so differenziert werden, dass Schülerinnen und Schüler mit einem ähnlichen Lerntempo miteinander arbeiten können. Hierbei bearbeiten Lernende jeweils ihre Aufgabe ebenfalls zuerst allein und erstellen eine geeignete Präsentationsform. Im Anschluss wird durch Aufstehen signalisiert, dass man für die nächste Phase bereit ist, sodass eine andere Person, die im gleichen Tempo mit ihrer eigenen Aufgabe fertig geworden ist, dazukommen kann. In der nächsten Phase werden die beiden Aufgaben dann wechselseitig präsentiert und danach wird wieder allein weitergearbeitet. Einzelarbeit und Partnerarbeit wechseln sich ab.

Beispiel 3: Das Placemat-Verfahren

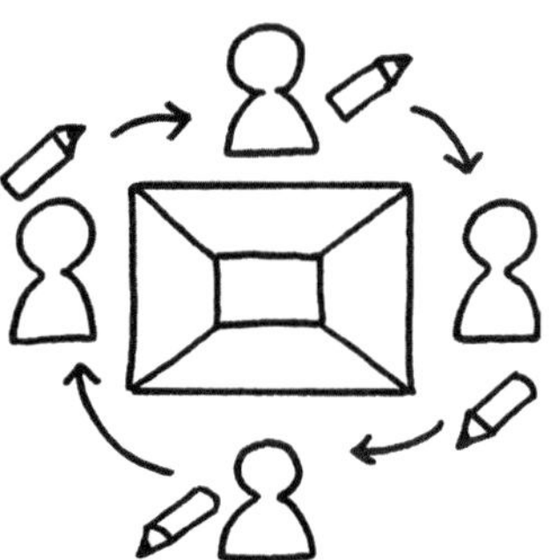

Ebenso kommt das bekannte **Placemat-Verfahren** nicht ohne kommunikative Zusammenarbeit aus. Dazu setzen sich Lernende in einer Dreier- oder Vierergruppe an einen Tisch und bearbeiten eine vorgegebene Aufgabe zuerst allein, indem sie ihr Platzkärtchen beschriften. In der Austauschphase werden alle Zwischenergebnisse vorgestellt, um sich auf drei bis vier zentrale Ergebnisse zu einigen, die in die Mitte des Plakats geschrieben werden. Zu guter Letzt werden die Ergebnisse vor der Klasse präsentiert.

Eine kooperative Feedback-Kultur

Auch wenn die dargestellten Unterrichtsverfahren keine direkten Feedback-Methoden sind, so kann mit ihnen ein Unterricht kultiviert werden, der auf Kooperation setzt und Austausch-, wechselseitige Beratungs- und Feedback-Prozesse zur Gewohnheit macht. Peer-Feedback und die entsprechenden sozialen und kommunikativen Kompetenzen werden dabei trainiert. Überdies lernen Schülerinnen und Schüler implizit, Rückmeldungen anzunehmen sowie konstruktiv zu verarbeiten und verlieren die innere Skepsis gegenüber Feedback von anderen. Idealerweise können sie über diese Gewohnheit Feedback von Lehrkräften ebenfalls besser annehmen. Im empfehlenswerten Buch „Erfolgreich unterrichten durch Kooperatives Lernen" von Brüning und Saum (2007) finden sich zudem noch weitere Methoden, die in Richtung Aufbau einer kooperativen Feedback-Kultur zielen.

Zusammenfassung

In diesem Kapitel wurde dargestellt, nach welchen Kriterien klassische Feedback-Methoden sortiert werden können. Entscheidend ist dabei die Frage, wozu Feedback erhoben werden soll – unabhängig davon, ob man sich für eine klassische, analoge Methode oder für ein digitales Verfahren entscheidet. Darüber hinaus wurden einige bewährte Verfahren in den Kategorien „schnelle Rückmeldung aus der Gruppe", „ausführliche Evaluation", „Methoden zur Selbstreflexion" sowie „Visualisierungen/Gesprächsanlässe" aufgelistet und in Grundzügen vorgestellt. Tabellarisch wurde zugeordnet, welche dieser Methoden sich in welchen Feedback-Konstellationen eignet.
Ferner sollte gezeigt werden, dass sich mündliche und schriftliche Rückmeldungen, die oft beiläufig gegeben werden, an den in Kapitel zwei skizzierten Feedback-Regeln orientieren sollten. Dabei geht es insbesondere um eine wertschätzende, nicht defizitorientierte Sprache, die dem Gegenüber die Möglichkeit lässt, Tipps und Hilfen anzunehmen und konstruktiv zu verarbeiten. Gegen Ende des Kapitels wurden kooperative Unterrichtsformen daraufhin diskutiert, inwieweit mit ihnen kommunikative Kompetenzen trainiert werden, die zum Aufbau einer Feedback-Kultur benötigt werden. Sie tragen dazu bei, Feedback als kooperatives Beziehungsgeschehen zu normalisieren und einen Unterricht zu etablieren, in dem es zur Gewohnheit geworden ist, die Gedanken und Meinungen anderer in den eigenen Arbeitsprozess miteinzubeziehen.

4. Lernförderliches Feedback mit digitalen Tools

Das Kapitel in der Übersicht

- Digitale Feedback-Tools weisen spezifische Vorteile gegenüber analogen Methoden auf.
- Bevor entsprechende Tools im Unterricht eingesetzt werden können, sollten technische, rechtliche, pädagogische und didaktische Vorüberlegungen angestellt werden.
- Ebenso wie bei Lernapps oder Kollaborationstools sollte bei Feedback-Tools auf die Prinzipien Datensparsamkeit, DSGVO-Konformität, Transparenz, Informationspflicht und Zweckgebundenheit geachtet werden. Zudem sind Einwilligungen bei Erziehungsberechtigten zu empfehlen.
- Die Tools werden im Rahmen einer Kategorisierung vorgestellt. Einige eignen sich v.a. für eine schnelle Rückmeldung aus der Gruppe, andere für automatisierte Formen der Kontrolle, für Peer-Feedback oder für Lehrer-Feedback an Lernende.
- Für den Anfang empfiehlt es sich, mit wenigen Tools zu beginnen, und nach und nach neue Routinen aufzubauen.

Lernförderliches Feedback kann alle Arten von Feedback umfassen. Ob und inwieweit es zielführend ist, liegt also nicht allein an der Methode, sondern daran, ob diese passend zur Gruppe, zum Thema und zur jeweiligen Zielstellung gewählt wurde. Das gilt sowohl für die bereits dargestellten analogen Methoden als auch für die nachfolgenden digitalen Alternativen. Feedback wird folglich nicht besser, nur weil es mit einem digitalen Tool erhoben wurde – ebenso wenig wie Unterricht allein dadurch lernwirksamer wird, dass digitale Elemente zum Einsatz kommen.

Digitale Darstellung analoger Verfahren

Die meisten digitalen Alternativen können kein anderes oder im eigentlichen Sinne neues Feedback erheben. Viele Tools bieten eher Möglichkeiten, bewährte Feedback-Verfahren digital darzustellen und die technischen Vorzüge für die jeweiligen Ziele zu nutzen (z.B. bei der automatisierten Auswertung eines Fragebogens). Dennoch gibt es einige Anwendungen, die eigens dafür konzipiert wurden, Feedback digital zu erheben, und mit entsprechenden Besonderheiten aufwarten können. Entsprechend soll ein Blick darauf geworfen werden, welche *Workflows* durch den Einsatz von digitalem Feedback möglich werden. An diesen verbesserten Arbeitsprozessen lässt sich schließlich zeigen, dass digitales Feedback nicht bloß ein Instrument für den coronabedingten Fernunterricht, „sondern vielmehr ein elementarer Bestandteil zeitgemäßen Unterrichtens ist – auch in Präsenz" (Nölte 2021).

Vorteile von digitalem Feedback

Die Vorzüge digitaler Feedback-Anwendungen zeigen sich gleich an mehreren Stellen:

- Sowohl die Erhebung als auch die Auswertung geht durch die Automatisierung der Prozesse schneller. Ergebnisse von Umfragen werden etwa in Echtzeit digital dargestellt und grafisch verfügbar gemacht.
- Vorlagen für digitales Feedback können in der jeweiligen Anwendung wiederverwendet und/oder für Anpassungen dupliziert und bearbeitet werden. Einige Programme bieten überdies Optionen zur Sortierung von Dokumenten in Ordnern. So können Vorlagen für spezielle Jahrgangsstufen, Fächer etc. abgelegt werden.
- Digitales Feedback ist unabhängig von Raum und Zeit und kann daher auch erhoben/gegeben werden, wenn sich die Lerngruppe nicht am selben Ort befindet. Umfragen können z.B. per QR-Code® auf einem Arbeitsblatt platziert oder innerhalb einer Lernplattform verlinkt werden. Schriftliche und mündliche Rückmeldungen können ebenfalls über eine Cloud abgerufen werden.

- Die Kombination aus digitaler Abgabe von Aufgaben plus Feedback, welches in der Lernplattform gegeben werden kann (z. B., indem es als Audioaufnahme eingesprochen wird), ermöglicht einen neuen Workflow des digitalen Arbeitens.
- Erhobene Feedback-Daten oder gegebene Rückmeldungen können gespeichert, weiterbearbeitet und/oder geteilt werden. Durch die Weitergabe eines Auswertungslinks zu einem Umfragebogen können Ergebnisse transparent gemacht werden, was z. B. für Feedback-Phasen im Schulentwicklungsprozess relevant sein kann.
- Bestimmte (kostenpflichtige) Feedback-Anwendungen bieten Vorlagen zum Erheben von Unterrichts-Feedback, die nach wissenschaftlichen Kriterien entworfen und in Untersuchungen auf ihre Wirksamkeit überprüft worden sind. Damit bieten sie Schulen und Lehrkräften die Möglichkeit, Feedback-Prozesse zu vereinheitlichen und zu professionalisieren. Zudem werden Lehrkräfte entlastet, weil sie selbst keine komplexen Fragebögen mehr entwerfen müssen.

Vorüberlegungen zum Einsatz digitaler Feedback-Tools

Wenn Lehrkräfte sich angesichts der zahlreichen Vorteile dafür entscheiden, digitale Feedback-Tools einzusetzen, sollten einige Vorüberlegungen getroffen werden. Dabei sind technische, rechtliche und pädagogisch-didaktische Fragestellungen zu überdenken, die für alle Schularten und Jahrgangsstufen Gültigkeit besitzen und lediglich dann einzuschränken sind, wenn Schülerinnen und Schüler bereits volljährig sind:

Technische Vorüberlegungen	Rechtliche Vorüberlegungen	Pädagogisch-didaktische Vorüberlegungen
Geräteverfügbarkeit	*DSGVO-Konformität*	*Auswahl eines Tools*
WLAN-Anbindung	*Umgang mit personenbezogenen Daten*	*Einführung und Erläuterung*
Bandbreite	*Ggf. Elterneinwilligung*	*Fragestellung und Ziel*
Zugangsdaten	*Informationspflicht und Zweckgebundenheit*	*Auswertung der Ergebnisse*
Vorinstallierte Apps	*Abgeschlossener Auftragsverarbeitungsvertrag*	*Mögliche Folgen*
Bekannte Übertragungswege		

Technische Vorüberlegungen zur Nutzung digitaler Feedback-Tools im Unterricht

Bevor digitale Feedback-Tools zum Einsatz kommen können, sollten einige technische Vorüberlegungen angestellt werden. Dazu zählen insbesondere folgende Aspekte:

- Lernenden sollten schulische, digitale Endgeräte zur Verfügung stehen. Um personenbezogene Daten zu vermeiden, ist ein sog. Gast-Modus (Anmeldung ohne Benutzerkonto) zu empfehlen. Alternativ können schülereigene Geräte (z. B. im Rahmen einer 1:1-Ausstattung oder über ein Bring-Your-Own-Device-Konzept) zum Einsatz kommen.
- Die Schule sollte über eine drahtlose Internetverbindung verfügen, in die sich die Geräte idealerweise automatisch einwählen, und deren Bandbreite ausreicht, um gemeinsam digital arbeiten zu können.

- Wenn die Geräte eine personalisierte Einwahl mit speziellen Log-in-Daten erfordern, sollten diese ausgegeben werden und der Anmeldevorgang bekannt sein. Das gilt auch für Lernplattformen, Cloud-Zugänge oder andere Anmeldedaten, die möglicherweise bei einer App anfallen.
- Insofern zu den gewählten Feedback-Tools Apps verfügbar sind, sollten diese auf den Geräten der Lernenden vorinstalliert sein.
- Für den Zugang zu entsprechenden Feedback-Formen sollten eine Lernplattform mit Kommunikationsbereich (zur Übermittlung von Links) und/oder ein QR-Scanner (zum Lesen eines QR-Codes®) vorhanden sein.

Rechtliche Vorüberlegungen

Neben den technischen Vorüberlegungen erfordert das Thema Datenschutz in der Schule größtmögliche Sensibilität. Bei der Wahl entsprechender Feedback-Tools ist auf eine Vielzahl von Kriterien zu achten. Da Schulen nur selten über sog. Whitelists (Liste mit erlaubten/freigegebenen Tools) verfügen, müssen Schulleitungen und Lehrkräfte oft nach eigenem Ermessen beurteilen, ob sie ein Tool einsetzen können/dürfen oder nicht. Hilfreich ist es, auf einige Leitlinien zu achten, die bestenfalls im gesamten Kollegium bekannt und transparent gemacht sind.

Digitale Tools für den Unterricht sollten die folgenden Kriterien erfüllen:

- Der Serverstandort sollte in der EU liegen, besser noch in Deutschland.
- Die Einhaltung der DSGVO-Standards ist verpflichtend.
- Eingesetzte Apps sollten auf die Erhebung personenbezogener Daten (Bild-, Ton- und Videoaufnahmen, E-Mail-Adresse etc.) von Lernenden verzichten – ratsam ist eine größtmögliche Datensparsamkeit und Anonymisierung.
- Die Nutzung sollte ohne Benutzerkonto möglich sein.
- Die Anwendungen sollten auf Tracking-Software, mit der Daten im Hintergrund der Anwendung analysiert und über außereuropäische Server weitergegeben werden (insbesondere Google® Analytics, Amazon Cloud Services etc.), verzichten.
- Die Anwendungen dürfen keine Werbung beinhalten.
- Die Altersfreigabe der jeweiligen App ist zu beachten.
- Die Tools müssen die Löschung der erhobenen Daten ermöglichen.
- Für die Nutzung digitaler Anwendungen, bei denen eine Erhebung personenbezogener Daten nicht sicher vermieden werden kann, ist eine Einwilligung der Betroffenen bzw. deren Erziehungsberechtigten erforderlich – empfehlenswert ist eine maximale Transparenz (Informationspflicht).
- Insofern Tools zum Einsatz kommen, bei denen personenbezogene Daten verarbeitet werden, muss zwischen Schule und Anbieterfirma eine Vereinbarung zur Verarbeitung der Daten im Auftrag der Schule („Auftragsverarbeitung") geschlossen werden.
- Die Installation von Apps auf privaten Endgeräten von Lernenden kann von Lehrkräften ohne Einwilligung der Erziehungsberechtigten nicht verlangt oder nahegelegt werden.
- Cookies auf unterrichtlich genutzten Endgeräten sollten regelmäßig gelöscht werden. Idealerweise steht ein anonymisierter Gast-Zugang zur Verfügung, bei dem die Geräte nach jeder Sitzung zurückgesetzt werden.
- Schülerinnen und Schüler müssen über Sinn und Zweck des Einsatzes von Tools und über eine mögliche Alternative zur Teilnahme am Unterricht informiert werden (Zweckgebundenheit). Eine Benachteiligung, falls digitale Tools nicht genutzt werden können bzw. wollen, darf nicht entstehen.

Unter Berücksichtigung all dieser Aspekte erscheint es vorteilhaft, Erziehungsberechtigte über die Nutzung von digitalen (Feedback-)Tools im Unterricht zu informieren und eine schriftliche Einwilligung zu erfragen. Bestenfalls wird dies schulweit nach Absprache und über einen sog. App-Kanon im Medienkonzept vereinbart und gegenüber der Schulfamilie transparent kommuniziert, z. B. in einer gesammelten Einverständniserklärung zu digitalen Arbeitsweisen am Anfang des Schuljahres.

Pädagogisch-didaktische Vorüberlegungen
Zu den technischen und rechtlichen Aspekten kommen noch pädagogisch-didaktische Überlegungen hinzu. Auf der einen Seite müssen sich Lehrkräfte je nach Zielstellung auf ein Tool festlegen und dieses im Unterricht einführen. Auf der anderen Seite sollte klar sein, ob und wie die Ergebnisse weiterverarbeitet und welche Konsequenzen aus der Erhebung von Feedback abgeleitet werden sollen. Hinsichtlich der konkreten Unterrichtsplanung gilt für digitale Feedback-Tools ebenso wie für analoge Verfahren, dass Feedback einen didaktischen Ort, Planung und eine gute Moderation benötigt. Zudem sind bei digitalem Feedback ebenso die Grundregeln (Wertschätzung, Offenheit etc.) zu berücksichtigen.

Systematisierung digitaler Feedback-Tools

Das Angebot an Tools für Feedback ist unübersichtlich. Daher soll an dieser Stelle versucht werden, sie nach ihren jeweiligen Potenzialen zu systematisieren. Mit Blick auf die Vorzüge zeigt sich, dass digitales Feedback nicht mehr bloß im Sinne eines Gebens und Nehmens von Rückmeldungen zwischen Unterrichtenden und Lernenden verstanden werden kann. Digitale Tools lassen sich auch derart vorbereiten und einsetzen, dass Lernende eine automatisierte Rückmeldung zu Aufgaben erhalten, die z. B. als direktes Feedback zur Selbstkontrolle dienen kann. Mit dieser Ergänzung eignen sich digitale Feedback-Tools besonders für eine **schnelle Rückmeldung aus der Gruppe**, eine **automatisierte Kontrolle von Aufgaben**, für Prozesse des **Peer-Feedbacks**, für **Feedback von Lehrenden an Lernende (Lehrer-Feedback)** und für **Feedback von Lernenden an Lehrende (Schüler-Feedback)**.
In jedem dieser Bereiche können verschiedene digitale Tools eingesetzt werden. Sie alle vorzustellen, wäre aufgrund der unübersichtlichen Marktlage unmöglich und wenig zielführend. Daher wurde eine (subjektive) Auswahl vorgenommen, anhand derer Prinzipien herausgearbeitet werden sollen, wie mit digitalem Feedback gearbeitet werden kann. Die einzelnen Ideen können auch auf andere Tools übertragen werden. Der fünfte Bereich rund um das Thema Schüler-Feedback wird als eigener inhaltlicher Punkt in Kapitel fünf genauer dargestellt.

Schnelle Rückmeldung aus der Lerngruppe	Automatisierte Kontrolle bei Aufgaben	Peer-Feedback zwischen Lernenden	Lehrer-Feedback für Lernende	Schüler-Feedback zum Unterricht
u. a. Mentimeter, Wooclap, ONCOO, Tweedback …	*u. a. Learning Snacks, LearningApps, Socrative …*	*u. a. Padlet, TaskCards, Conceptboard, Miro, geteilte Dokumente …*	*u. a. Audio-Feedback mit hyFee, Qwiqr, geteilte Dokumente, Online-Whiteboards, GoFormative, Screencasts …*	*u. a. Feedback-Schule, Edkimo, IQES, Microsoft® und Google® Forms …*

Systematisierung digitaler Feedback-Tools

Feedback als direkte Rückmeldung aus der Gruppe mit Mentimeter, Wooclap, ONCOO und Tweedback

Mentimeter

Mentimeter ist ein Interaktionstool aus Schweden. Es dient dazu, digitale Rückmeldungen in Echtzeit einholen und diese in Folienform automatisch visualisiert anzeigen zu können (ähnlich wie bei einer PowerPoint-Folie).

- In der kostenlosen Basisversion können browserbasiert unendlich viele Umfragen angelegt und in Ordnern sortiert werden. Diese sind jedoch auf zwei Folien pro Thema bzw. pro Umfrage-Code beschränkt.
- Lehrkräfte benötigen zur Erstellung von Umfragen ein Benutzerkonto.
- Zur Gestaltung der Folien stehen u. a. folgende Modi zur Auswahl: Multiple Choice, Wortwolken, offene Fragen, Skalierungen oder Rankings.
- Die Folien sind grob vorstrukturiert und können inhaltlich befüllt werden. Darüber hinaus können Bilder hochgeladen und verschiedene Designvorlagen (Themes) ausgewählt werden.
- Lernende können sich per Link, Code oder QR-Code® einwählen, um in die Umfrage zu gelangen. Der Zugang erfolgt entweder über einen Webbrowser oder über eine App, die für Android® und iOS zur Verfügung steht.
- Für Schülerinnen und Schüler ist keine Anmeldung nötig.

Einsatzbeispiele: Mit Mentimeter kann Vorwissen abgefragt oder ein Blitzlicht zu Meinungsfragen eingeholt werden. Es können Abstimmungen, Rankings zu kontroversen Aussagen oder Einschätzungsfragen digital abgebildet werden.

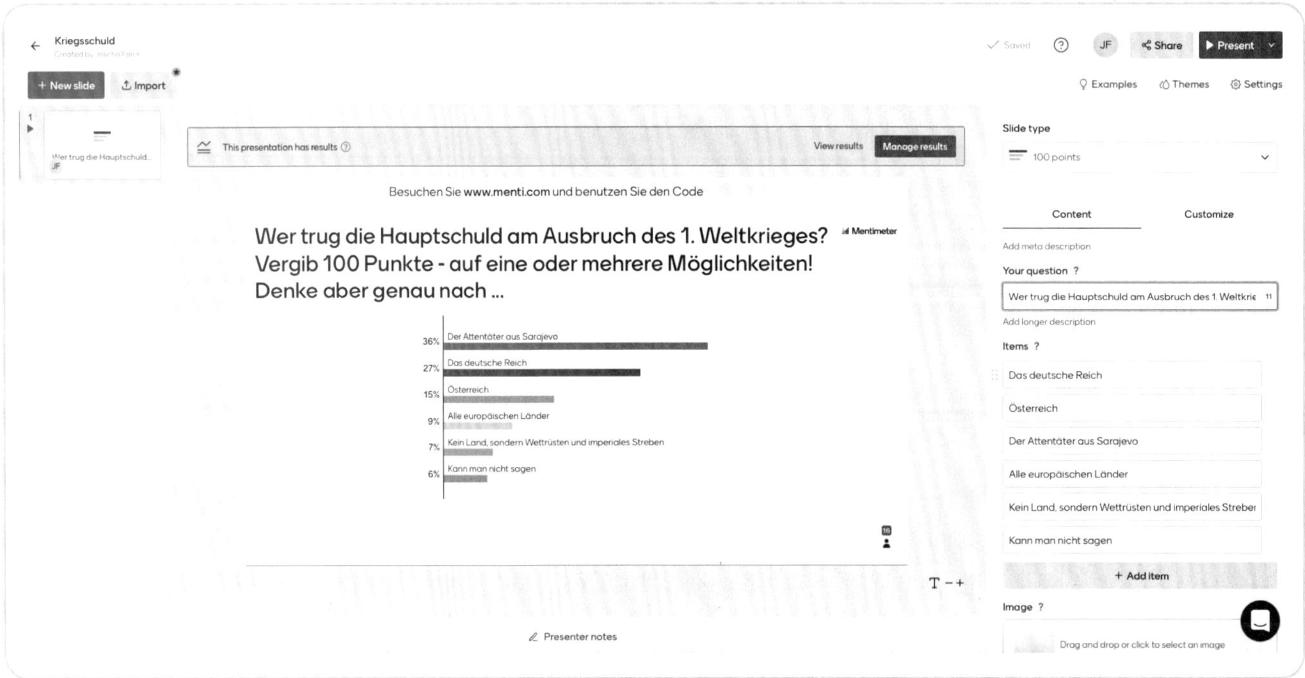

Kriegsschuld – Ranking mit Mentimeter (Screenshot)

Eignung für Feedback-Prozesse: Mentimeter kann für Selbsteinschätzungen oder Rückmeldungen zum Unterricht herangezogen werden. Außerdem können Menti-Umfragen eingesetzt werden, um Methoden oder Lernerfolge beurteilen zu lassen oder um digitale Blitzlichter zu erstellen (z. B. per Wortwolke).

Vorteile: Mentimeter kann jahrgangsstufen- und fächerübergreifend eingesetzt werden. Die Nutzung ist für Lernende und Lehrkräfte niederschwellig. Der Einsatz im Unterricht erfordert wenig Zeit und ist dank QR-Code®-Zugang ausgesprochen einfach. Die kostenlose Version ist für viele Belange ausreichend.
Nachteile: Menti-Umfragen eignen sich nicht für umfangreichere und komplexere Fragestellungen, weil das Folienformat die notwendige Differenzierung schon allein aus Platzgründen nicht zulässt. Darüber hinaus lässt die Benutzeroberfläche wenig Gestaltungsspielraum zu und ist aktuell nur in einer englischen Version verfügbar.
Fazit: Je nach Einsatzzweck können Menti-Umfragen als erste Rückmeldung ein guter Gesprächsanlass sein, um bei bestimmten Themen tiefer einzusteigen. Für kurze Umfragen, Meinungsbilder, Bewertungen und Selbsteinschätzungen eignet sich das Tool sehr gut. Die verschiedenen Interaktionsmöglichkeiten bieten das Potenzial, Unterricht zu beleben und die Lernenden zu aktivieren. Es sollte jedoch darauf achtgegeben werden, Mentimeter nicht zum Selbstzweck, sondern stets in Verbindung mit einem didaktischen Ziel einzusetzen.

Wooclap

Wooclap ist wie Mentimeter ein browserbasiertes *audience-response*-Werkzeug aus Belgien, mit dem Rückmeldungen aus der Gruppe digital und in Echtzeit eingeholt werden können.

- Wooclap steht Lehrkräften in der Vollversion gratis zur Verfügung. Dazu ist eine Registrierung mit Schulnamen erforderlich.
- Nach Erstellung eines Kontos können Übungen und Abfragen mit 20 Interaktionsmodi erstellt werden.
- Es kann u.a. auf folgende Übungsformate zugegriffen werden: Multiple Choice, Wortwolken, offene Fragen, Skalierungen, Rankings, Lückentexte oder Paare finden.
- Die Folien sind grob vorstrukturiert und können inhaltlich befüllt werden. Zudem können Bilder hochgeladen werden. Die Gestaltungsmöglichkeiten der Übungsfolien von Wooclap sind dabei sehr begrenzt. Es können jedoch eigene Folien (z.B. aus einer PowerPoint-Datei) hochgeladen und mit Übungen verknüpft werden.
- Schülerinnen und Schüler können sich per Link, Code oder QR-Code® einwählen, um in die Umfrage zu gelangen. Der Zugang erfolgt direkt über einen Webbrowser.
- Die Übungen können Lernenden auch zur asynchronen Bearbeitung angeboten werden.
- Für Lernende ist keine Anmeldung nötig.

Einsatzbeispiele: Mit Wooclap können Abstimmungen organisiert, Vorwissen abgefragt, Rankings erstellt oder kleinere Übungen durchgeführt werden. Bei Wooclap-Übungen erhalten Lernende ein direktes Feedback zu ihren Aufgaben, insofern Lösungen hinterlegt sind. Dadurch, dass mehrere Folien hinter einem Code bzw. als eine Übung generiert werden können, eignet sich das Tool auch für eine Neuinterpretation des lehrerzentrierten Unterrichts.

Eignung für Feedback-Prozesse: Wooclap kann für jegliche Form schneller Rückmeldungen eingesetzt werden, z.B. für Abstimmungen. Ähnlich wie bei Mentimeter können Selbsteinschätzungen zum eigenen Lernen damit gestaltet und anschließend als Gesprächsanlass verwendet werden. Bei Übungen können Schülerinnen und Schüler direktes Feedback zu ihren Aufgaben erhalten, weshalb Wooclap streng genommen in der nächsten Kategorie zu verorten wäre (Feedback durch automatisierte Kontrolle von Aufgaben).
Vorteile: Wooclap kann jahrgangsstufen- und fächerübergreifend eingesetzt werden. Die Nutzung ist für Lernende und Lehrkräfte niederschwellig und übersichtlich. Der Einsatz im Unterricht erfordert wenig Zeit und ist dank QR-Code®-Zugang ausgesprochen einfach. Dank der kostenlosen Instructor-Version für Lehrkräfte können zahlreiche Übungen erstellt und „hintereinander“, also in einem Folienpaket, angeleitet werden.

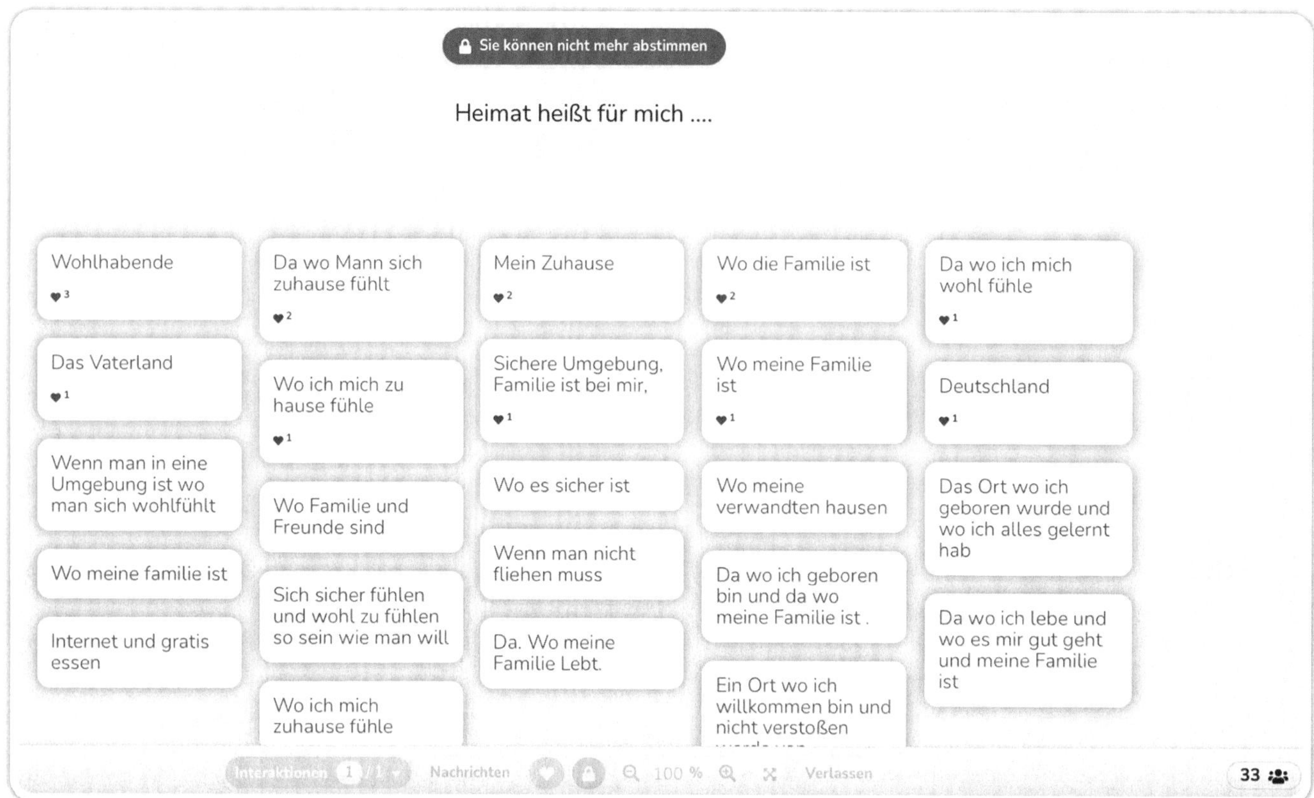

Brainstorming zum Thema Heimat mit Wooclap

Nachteile: Wooclap-Umfragen eignen sich nur bedingt und in Kombination mit eigenen Materialien für umfangreichere und komplexere Fragestellungen, weil das Folienformat die notwendige Differenzierung aus Platzgründen nicht zulässt. Darüber hinaus lässt die Benutzeroberfläche wenig Gestaltungsspielraum zu.

Fazit: Wooclap bietet viele Interaktionsmöglichkeiten, die den Unterricht auflockern und für Aktivierung sorgen. Mithilfe der Übungsformate kann das Tool auf vielfältige Weise eingesetzt werden und ist für Differenzierung mit automatisiertem Feedback geeignet. Die kostenlose Version für Lehrkräfte ermöglicht es, Wooclap im Direktvergleich mit Mentimeter umfassender einsetzen zu können.

ONCOO

ONCOO ist ein kostenloses Online-Tool aus Deutschland, mit dem Übungen und kleinere kooperative Lernverfahren digital moderiert werden können. ONCOO steht für „Online Kooperieren" und existiert schon seit einigen Jahren.

- ONCOO ist kostenlos und ohne Anmeldung für Lehrkräfte und Lernende nutzbar.
- Es stehen fünf Werkzeuge zur Verfügung, die digital organisiert und angeleitet werden können: Kartenabfrage, Helfersystem, Lerntempoduett, Placemat und eine digitale Zielscheibe.
- Die einzelnen Übungen sind stark vorstrukturiert und können rasch vorbereitet werden. Es gibt jedoch kaum Gestaltungsmöglichkeiten.
- Schülerinnen und Schüler können sich per Link, Code oder QR-Code® einwählen, um in die Umfrage zu gelangen. Der Zugang erfolgt direkt über einen Webbrowser.
- Ein vergleichbares niederschwelliges Programm zur Strukturierung kooperativer Lernformen liegt nicht vor. ONCOO hat hier ein Alleinstellungsmerkmal.
- Es werden keine personenbezogenen Daten erhoben. Die Nutzung ist daher datenschutzrechtlich unbedenklich.

Einsatzbeispiele: Mit ONCOO können digitale Arbeitsprozesse moderiert werden. Mit der Kartenabfrage kann z. B. Vorwissen aktiviert, abgefragt sowie an einer digitalen Tafel gesammelt und strukturiert werden. Bei anderen Werkzeugen liegt der Fokus darauf, Lernende zusammenzubringen.

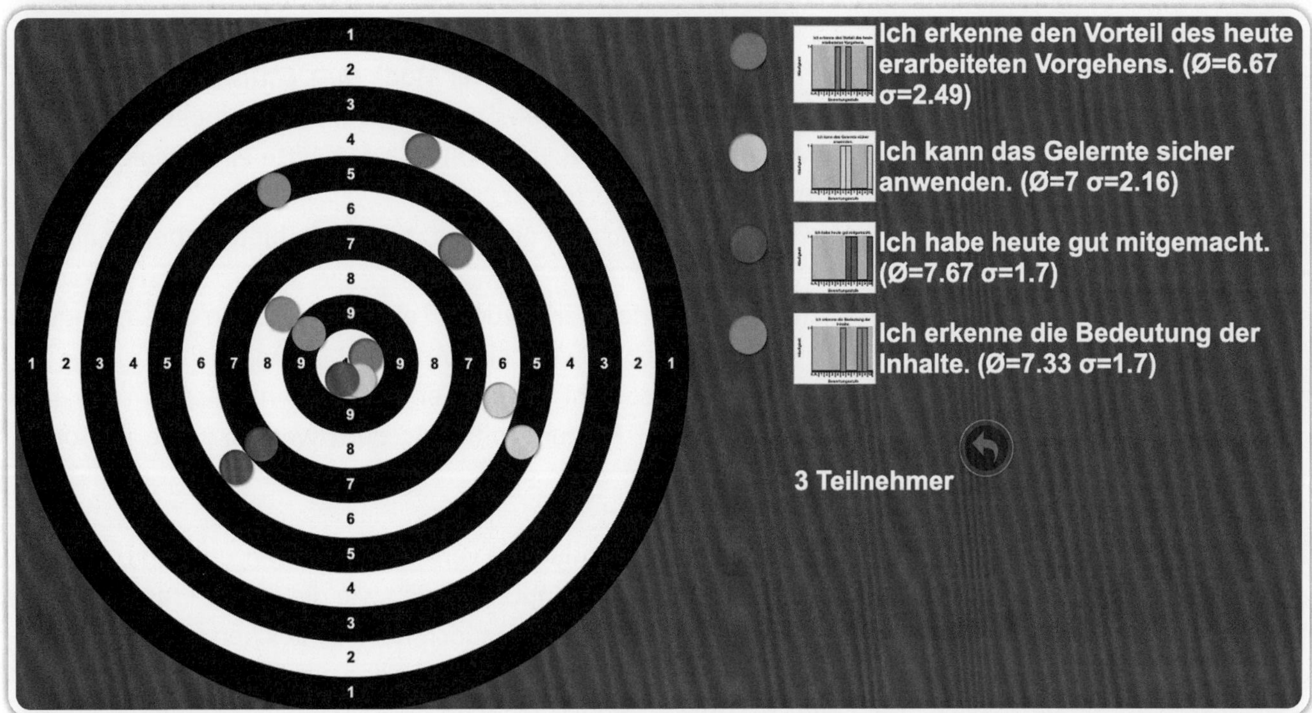

Ergebnisse der ONCOO-Zielscheibe (Screenshot)

Eignung für Feedback-Prozesse: Feedback kann mit ONCOO sowohl über das Werkzeug der Kartenabfrage als auch mit der Zielscheibe erhoben werden. Beides eignet sich hervorragend, um eine schnelle Rückmeldung aus der Gruppe zu erheben und darüber ins Gespräch zu kommen. Damit sind zwei analoge Methoden digital darstellbar, einfach vorzubereiten und schnell einsetzbar. Insbesondere die Zielscheibe bietet sich an, um am Ende der Stunde kurz zu überprüfen, ob Inhalte, Methoden oder Materialien „ins Schwarze" getroffen haben. Die Parameter können dabei angepasst werden.
Vorteile: ONCOO ist übersichtlich und niederschwellig. Es kann ohne Vorwissen eingesetzt werden und eignet sich daher für nahezu alle Jahrgangsstufen und Fachbereiche sowie als Einstiegstool für Lehrkräfte, die bislang noch wenig Erfahrungen mit digitalen Arbeitsweisen sammeln konnten. Da keine Anmeldung nötig ist, kann ONCOO datenschutzrechtlich bedenkenlos eingesetzt werden.
Nachteile: ONCOO ist dafür vorgesehen, Prozesse zu strukturieren. Abgesehen von der Kartenabfrage und der Zielscheibe besteht keine Möglichkeit, einzelne Werkzeuge inhaltlich zu befüllen bzw. diese digital mit einem Inhalt zu verknüpfen. Zudem liegen kaum Gestaltungsmöglichkeiten vor, ebenso wie die erstellten Übungen nicht innerhalb der Anwendung gespeichert werden können.
Fazit: ONCOO ist aus datenschutzrechtlicher Sicht uneingeschränkt zu empfehlen und für Einsteigerinnen und Einsteiger das Online-Kooperationstool der Wahl. Insbesondere die Kartenabfrage und die Zielscheibe erfreuen sich aufgrund einfacher Umsetzung großer Beliebtheit. Ob einem die Organisation der anderen kooperativen Verfahren ebenso zusagt, muss ausprobiert werden.

Tweedback

Tweedback ist ein browserbasiertes Echtzeit-Online-Tool, das von einem Rostocker Unternehmen entwickelt wurde. Wie bereits im Namen erkennbar ist, soll mit dem Tool eine Verbindung von Twitter® und

Feedback ermöglicht werden. Dies trifft insofern zu, als dass mit Tweedback digitale Kurznachrichten erstellt und in einer Session (digitaler Raum) gepostet werden können.

- Um Sessions erstellen zu können, müssen Lehrkräfte einen Account anlegen und sich registrieren. Es steht eine kostenlose Basisversion zur Verfügung, bei der Sessions allerdings nur 24 Stunden lang genutzt werden können.
- Für das sog. „Tweedbacken" gibt es in der kostenlosen Version drei Modi: *Quiz*, *Chatwall* und *Panik*. Auf der Chatwall können Teilnehmende Mitteilungen hinterlassen. Der Modus „Panik" ermöglicht es, Rückmeldungen per Button zu geben. Zur Auswahl stehen z. B. „zu schnell" oder „bitte ein Beispiel". Mit einem kostenpflichtigen Abo sind weitere Funktionen verfügbar.
- Die einzelnen Modi können dank Vorkonfiguration schnell eingesetzt werden, bieten aber wenig Gestaltungsmöglichkeiten.
- Schülerinnen und Schüler können sich per Link, Code oder QR-Code® einwählen, um in die Umfrage zu gelangen. Der Zugang erfolgt direkt über einen Webbrowser, eine App liegt bislang nicht vor.
- Das Unternehmen betont die Datensparsamkeit sowohl gegenüber Personen mit Account als auch gegenüber den Teilnehmenden einer Session. Bei Nutzung ohne Account werden keine personenbezogenen Daten erhoben.

Einsatzbeispiele: Tweedback kann für einfache Quiz-Anwendungen verwendet werden, um den Unterricht aufzulockern. Ferner kann die Chatwall auf ähnliche Weise genutzt werden wie die offene Frage bei Mentimeter oder Wooclap. Schülerinnen und Schüler können hierbei jedoch nur 300 Zeichen pro Post absenden. Die Panik-Funktion eignet sich für Vorträge und Referate, um Zuhörenden eine anonyme Möglichkeit der direkten Rückmeldung zu bieten, sowie für Unterricht per Videokonferenz, wenn es Lernenden in einer Phase zu schnell geht.

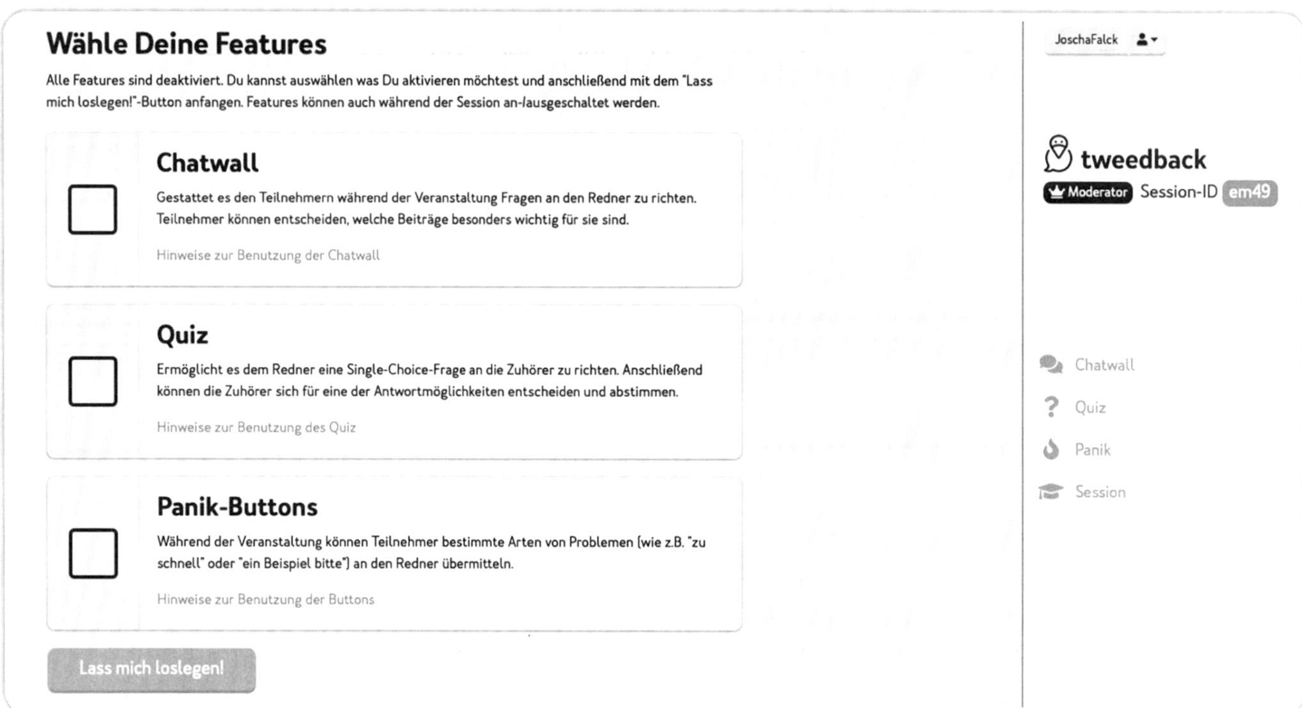

Features bei Tweedback (Screenshot)

Eignung für Feedback-Prozesse: Tweedback kann eingeschränkt genutzt werden, um direkte Rückmeldungen aus der Gruppe einzuholen. Auf der Chatwall können diese in kurzen Posts formuliert oder im Panik-Modus per Knopfdruck gegeben werden. Die Rückmeldungen sind dabei anonym, was insbeson-

dere bei einem größeren Publikum von Vorteil sein kann. Mit der Moderatoren-Funktion kann eingestellt werden, ob ein Chatwall-Post für alle sichtbar sein soll.
Vorteile: Tweedback ist einfach zu bedienen und niederschwellig nutzbar. Aufgrund der browserbasierten Darstellung kann es geräteunabhängig eingesetzt werden und eignet sich für alle Jahrgangsstufen und Fachbereiche. Im Gegensatz zu ONCOO können Sessions gespeichert und wieder aktiviert werden.
Nachteile: Der Funktionsumfang ist in der kostenfreien Variante sehr begrenzt. Lehrkräfte können etwa auf andere Quiz-Apps zugreifen, die im Bereich des Übens mit automatisierter Rückmeldung mehr Gestaltungsspielraum ermöglichen als Tweedback. Ähnlich verhält es sich mit der Chatwall, deren schlichte Rückmeldefunktion genauso gut mit Mentimeter oder Wooclap umgesetzt werden kann. Die Panik-Funktion kann bei einer großen Zuhörerschaft nützlich sein, erscheint im Klassenunterricht, der ohnehin auf lange Zuhörphasen verzichten sollte, aber eher überflüssig.
Fazit: Tweedback kann z. B. mit der Chatwall sinnvoll eingesetzt werden, um Wahrnehmungen der Lernenden zu prüfen. Einfache Quizfragen ermöglichen eine direkte Rückmeldung auf vorbereitete Statements oder Wissensfragen. Gleichwohl stehen zu diesem Zwecke umfangreichere Anwendungen zur Verfügung. Abschließend erscheint Tweedback besonders geeignet, wenn es sich um eine größere Gruppe in anonymerem Verhältnis zueinander handelt, z. B. in der universitären Ausbildung.

Aufgabenbezogenes Feedback samt automatisierter Kontrolle mit Learning Snacks, LearningApps und Socrative

Learning Snacks

Learning Snacks ist ein Quiz-Tool aus Deutschland, mit dem Inhalte spielerisch und im Messenger-Stil dialogisch abgefragt werden können. Neben der Gestaltung eigener Snacks kann auf eine Datenbank mit bereits fertiggestellten Übungen zurückgegriffen werden. Schülerinnen und Schüler erhalten eine automatisierte Rückmeldung zu ihren Lösungsideen.

- Learning Snacks ist kostenlos und browserbasiert.
- Lehrende benötigen zur Erstellung von Übungen ein Benutzerkonto. Auf vorgefertigte Snacks kann jedoch ohne Konto zugegriffen werden.
- In einem Learning Snack können Textelemente, Quizfragen, Weblinks, Videos oder Bilder integriert werden, sodass Unterrichtseinheiten auch als „Geschichten" erzählt werden können.
- Erstellte Snacks können entweder nur für den Urheber bzw. die Urheberin oder für alle sichtbar gestellt und in einer wählbaren Lizenz zum Teilen angeboten werden. Damit eignet sich Learning Snacks zugleich, um sog. OER-Materialien (*open educational ressources*) zu erstellen und zu verbreiten.
- Schülerinnen und Schüler können sich per Link, Code oder QR-Code® einwählen, um zur jeweiligen Übung zu gelangen. Der Zugang erfolgt direkt über einen Webbrowser, eine App liegt bislang nicht vor.
- Ein Learning Snack kann zudem über einen besonderen Link mit Auswertung ausgegeben werden, mit dem die Ergebnisse der Teilnehmenden eingesehen werden können.
- Snacks können darüber hinaus als Live-Game gespielt werden, bei dem Teilnehmende gegeneinander antreten.
- Für Lernende ist keine Anmeldung nötig, sodass das Tool datenschutzrechtlich unbedenklich eingesetzt werden kann.

Einsatzbeispiele: Learning Snacks eignet sich zur Abfrage von Vorwissen, für kleinere und größere Lerneinheiten, als Quiz zur Sicherung des Gelernten oder zur Übung und Wiederholung von Inhalten. Überdies können Snacks so gestaltet werden, dass Schülerinnen und Schüler Lerninhalte selbstständig ergründen, z. B., indem Filme und Materialien verlinkt und Inhalte mit Aufgaben aus dem Buch verknüpft werden.

Eignung für Feedback-Prozesse: Learning Snacks ist auf den ersten Blick kein klassisches Feedback-Tool und ungeeignet, um Rückmeldungen aus der Gruppe einzuholen. Dennoch kann mit Lernaufgaben im Snack-Format individualisiert und differenziert werden, bei denen Lernende eine direkte Rückmeldung auf ihre Antwort erhalten. Die einfache Übermittlung und Darstellung eignet sich daher auch für die Steuerung von Lernprozessen im Fern- oder Hybridunterricht.

Vorteile: Learning Snacks ist einfach zu bedienen und niederschwellig nutzbar. Aufgrund der browserbasierten Darstellung kann es geräteunabhängig eingesetzt werden und eignet sich für alle Jahrgangsstufen und Fachbereiche. Erstellte Snacks können mit einem eigenen Account gespeichert und wiederverwendet werden. Dank der umfangreichen Datenbank kann auf ein großes Angebot bereits erstellter Snacks zurückgegriffen werden.

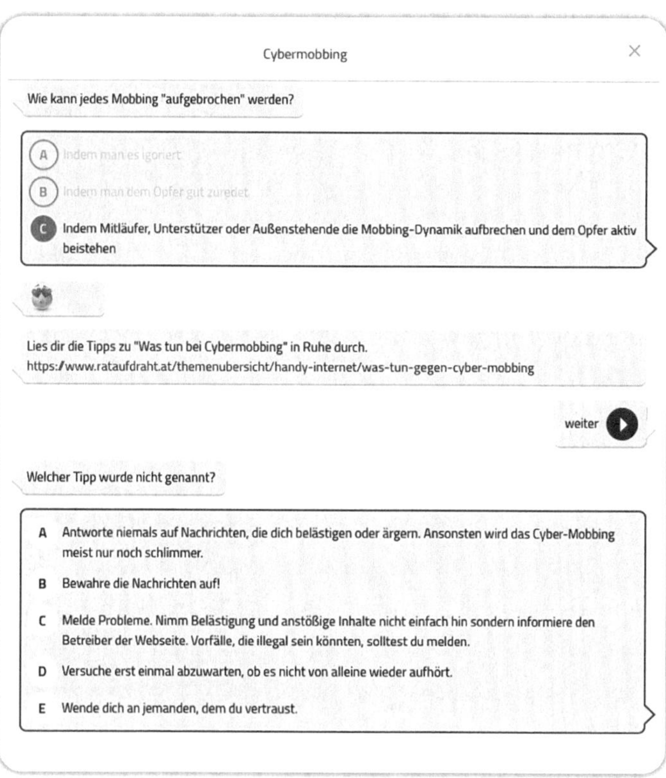

Cybermobbing – Übungseinheit bei Learning Snacks

Nachteile: Die Gestaltungsmöglichkeiten der Snacks, die immer im Dialogformat daherkommen, sind relativ überschaubar. Weiterführende Funktionen wie ein Chat oder die Option zur Kollaboration fehlen. Zudem verführen Learning Snacks Lernende dazu, sich „durchzuklicken", insofern keine weiterführenden Arbeitsaufträge vergeben worden sind.

Fazit: Learning Snacks sind geeignete digitale Aufgabenformate, um Schülerinnen und Schüler Lerninhalte üben oder selbstständig ergründen zu lassen. Durch die Rückmeldung erhalten sie ein direktes Feedback. Das Angebot ist kostenlos nutzbar und datenschutzrechtlich unbedenklich. Für eine komplexere Aufgabengestaltung sowie für umfangreichere Feedback-Prozesse muss jedoch auf andere Tools ausgewichen werden.

LearningApps

Bei LearningApps handelt es sich um eine Online-Plattform, auf der kleinere Lerneinheiten gesucht, genutzt und selbst erstellt werden können. LearningApps wurde ursprünglich von den Hochschulen Bern, Mainz und Zittau/Görlitz entwickelt und wird heute von einem Non-Profit-Verein weitergeführt. Schülerinnen und Schüler erhalten eine automatisierte Rückmeldung zu ihren Lösungsideen.

- LearningApps ist generell kostenlos nutzbar und browserbasiert.
- Lehrkräfte benötigen zur Erstellung von Übungen ein Benutzerkonto. Auf vorgefertigte Apps kann jedoch ohne Konto zurückgegriffen werden.
- LearningApps können in zahlreichen Übungsformaten selbst erstellt und gestaltet werden. Zur Verfügung stehen u. a. Kreuzworträtsel, Begriffspaare-Zuordnung, Zeitstrahl, Zuordnung von Textelementen auf einem Bild oder Lückentext.
- Erstellte Apps können mit den Einstellungen „privat" oder „öffentlich sichtbar" versehen werden, sodass ggf. auch andere die App nutzen können. Damit eignet sich LearningApps ebenfalls, um OER-Materialien zu erstellen und zu verbreiten.

- Lernende können sich per Link, Code oder QR-Code® einwählen, um zur jeweiligen Übung zu gelangen. Der Zugang erfolgt direkt über einen Webbrowser, eine App liegt bislang nicht vor.
- Da für Lernende keine Anmeldung nötig ist, kann LearningApps datenschutzrechtlich unbedenklich eingesetzt werden.

Einsatzbeispiele: Mit LearningApps können diverse digitale Lernaufgaben erstellt werden, die z.B. für die Wiederholung, zum Üben oder zum Erkunden neuer Inhalte eingesetzt werden können.

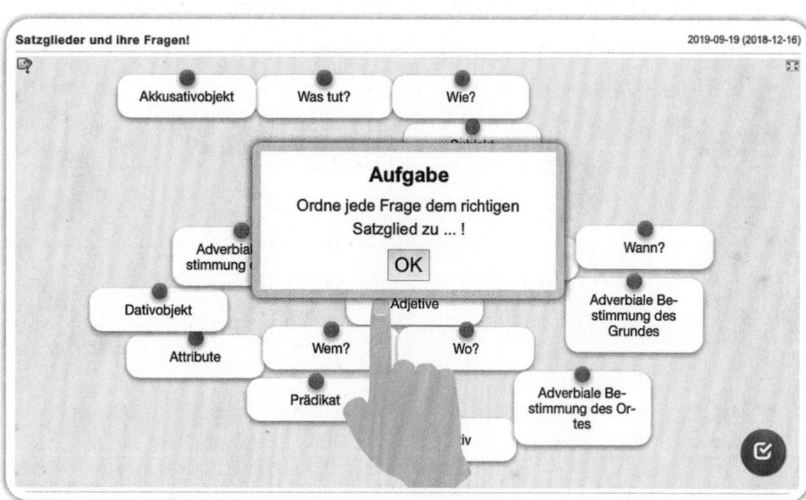

Satzglieder – Übungseinheit bei LearningApps

Eignung für Feedback-Prozesse: LearningApps ist ebenso wie Learning Snacks auf den ersten Blick kein Feedback-Tool und ungeeignet, um Rückmeldungen aus der Gruppe einzuholen. Dennoch kann mit verschiedenen Lernaufgaben individualisiert und differenziert werden, bei denen Schülerinnen und Schüler eine direkte Rückmeldung auf ihre Antwort erhalten. Die einfache Übermittlung und Darstellung eignet sich daher auch für die Steuerung von Lernprozessen im Fern- oder Hybridunterricht.

Vorteile: LearningApps ist einfach zu bedienen und niederschwellig nutzbar. Aufgrund der browserbasierten Darstellung kann es geräteunabhängig eingesetzt werden und eignet sich für alle Jahrgangsstufen und Fachbereiche. Erstellte Apps können mit einem eigenen Account gespeichert, in Ordnern sortiert und wiederverwendet werden. Dank der umfangreichen Datenbank kann auf ein großes Angebot bereits erstellter Apps zurückgegriffen werden.

Nachteile: Bei LearningApps handelt es sich stets um vorkonfigurierte Aufgaben, die in den meisten Fällen wenig Differenzierung zulassen. Aus diesem Grund eignen sich die erstellten Aufgaben insbesondere für Übungsbereiche, die eindeutig im Sinne von „richtig oder falsch" beantwortet werden können. Kreativere Aufgaben, die mehr Eigenleistung seitens der Lernenden erfordern, können damit nicht umgesetzt werden. Weiterführende Funktionen wie ein Chat oder die Möglichkeit zur Kollaboration fehlen ebenfalls. Zudem sind bereits bestehende Übungen von unterschiedlicher Qualität und sollten für den Einsatz im eigenen Unterricht gut geprüft werden.

Fazit: LearningApps zählt unter den digitalen Anwendungen mittlerweile zu den Klassikern. Als kostenloses und datenschutzrechtlich unbedenkliches Angebot hat es einen festen Platz im Bereich des digitalen Übens. Im zeitgemäßen Unterricht, der auf den Kompetenzerwerb der 4K abzielt, sollten sowohl Learning Snacks als auch LearningApps allerdings nur punktuell eingesetzt werden. Komplexere Aufgabenformate und differenzierte Feedback-Prozesse können mit anderen Anwendungen besser umgesetzt werden.

Socrative

Socrative ist eine webbasierte Anwendung einer kanadischen Firma, mit der ebenfalls Quiz bzw. kleinere Tests gestaltet werden können. Schülerinnen und Schüler erhalten eine automatisierte Rückmeldung zu ihren Lösungsideen – Lehrkräfte können die Ergebnisse anschließend per Datenauswertung herunterladen.

- Lehrkräfte benötigen zur Erstellung von Übungen ein Benutzerkonto. Bei Socrative steht ein kostenloser Account zur Verfügung, bei dem jedoch nur fünf „Quizzes" und ein Raum erstellt werden können.

- Zur Gestaltung der Übungen kann zwischen drei Fragetypen unterschieden werden: Multiple Choice, Richtig/Falsch und Kurzantwort.
- Jedes Quiz kann als Einzelquiz oder „Space Race" (Schülerteams treten gegeneinander an) ausgegeben werden. Zudem kann der Quizmodus des sog. „Exit Tickets" (drei vorgegebene Fragen zum Ende der Unterrichtsstunde) gewählt werden.
- Jedes Quiz findet in einem definierten Raum statt, dessen Bezeichnung von der Lehrkraft an die Lernenden weitergegeben wird.

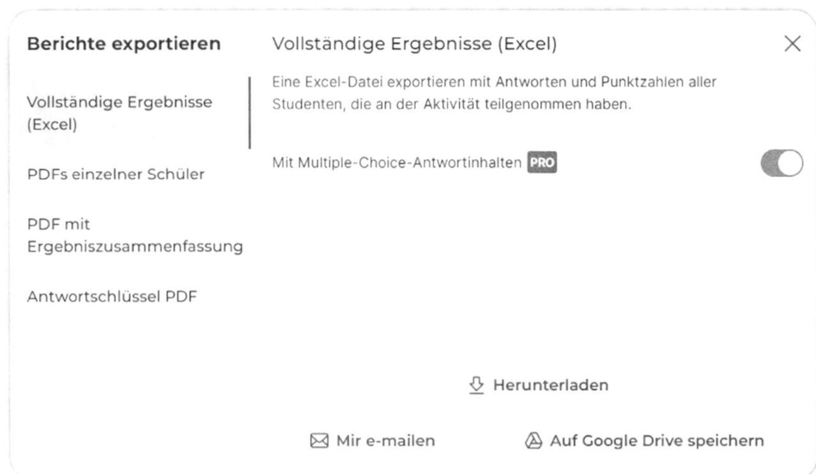

Berichte exportieren bei Socrative (Screenshot)

- Im Auswertungsbereich „Results" können Lehrkräfte live mitverfolgen, wie das Quiz von Lernenden bearbeitet wird.
- Lernende können sich per Raumnummer einwählen, um zur jeweiligen Übung zu gelangen. Der Zugang erfolgt direkt über einen Webbrowser oder die Socrative-App. Für Lernende und Lehrkräfte sind zwei unterschiedliche Apps verfügbar.
- Da für Lernende keine Anmeldung nötig ist, kann Socrative datensparsam verwendet werden. Die Stärke des Tools liegt jedoch in der Auswertung der Quiz, die die Vergabe von Schülernamen erfordert. Insofern hier nicht mit Klarnamen gearbeitet werden kann/möchte, können alternativ Kürzel, Nummern oder Nicknames vergeben werden. Dann kann Socrative datenschutzrechtlich unbedenklich eingesetzt werden.

Einsatzbeispiele: Socrative eignet sich für kurze Wiederholungsquiz oder Sicherungsphasen während und am Ende der jeweiligen Unterrichtsstunde. Zudem können mit den drei Fragearten Onlinetests entwickelt werden, zu denen eine umfangreiche Auswertung abgerufen werden kann.

Eignung für Feedback-Prozesse: Socrative wirbt mit dem Slogan „on-the-fly-assesment". Dies bezieht sich auf die Möglichkeit, einzelne Phasen des Unterrichts mit Quizfragen zu begleiten bzw. zu sichern und während der Beantwortung Ergebnisse samt Auswertung eingespielt zu bekommen. Ebenso wie bei Learning Snacks und LearningApps kann mit Socrative differenziert und spielerisch geübt werden, indem die Lernenden eine direkte Rückmeldung auf ihre Antwort erhalten. Die einfache Übermittlung und Darstellung eignet sich daher zugleich für die Steuerung von Lernprozessen im Fern- oder Hybridunterricht.

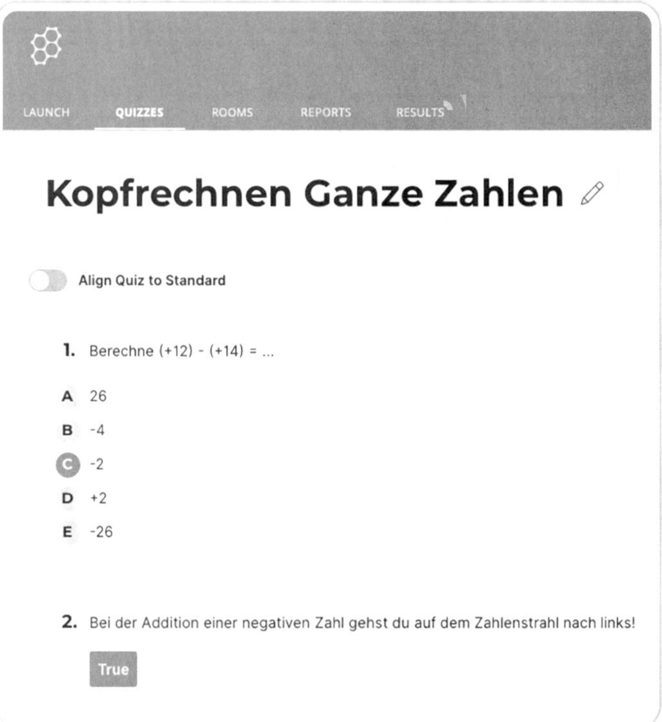

Kopfrechnen – Quiz bei Socrative

Vorteile: Socrative ist in seinem geringen Funktionsumfang übersichtlich und niederschwellig. Quiz sind bei nur drei Fragetypen und wenigen Gestaltungsmöglichkeiten schnell erstellt. Die Übungen werden gespeichert und können zu einem späteren Zeitpunkt bearbeitet oder aktiviert werden. Ein weiterer Vorteil besteht darin, Übungen über eine SOC-Nummer von anderen Lehrkräften importieren zu können.
Nachteile: Mit drei Fragetypen bietet Socrative als Tool für differenziertes Üben nur wenige Möglichkeiten. Kreativere Aufgaben, die mehr Eigenleistung seitens der Lernenden erfordern, können damit nicht umgesetzt werden. Ähnlich wie bei den beiden anderen Quiz- und Übungstools fehlen weiterführende Funktionen wie ein Chat oder die Möglichkeit zur Kollaboration.
Fazit: Socrative ist jahrgangsstufen- und fächerübergreifend einsetzbar. Aufgrund des schlichten Designs kann es in verschiedensten Altersklassen zum Einsatz kommen. Durch den Testcharakter der wenigen Fragetypen ist Socrative geeignet, um Sicherungsphasen digital zu gestalten und Gelerntes zu überprüfen. Lernende erhalten dabei ein direktes Feedback, Lehrende eine Auswertung der Ergebnisse in Echtzeit. Die eigentliche Stärke von Socrative liegt deshalb in der Analyse der Übungen, die Lehrende für erste Schritte im Bereich digitaler Prüfungen nutzen können.

Weitere Alternativen

Aufgabenbezogenes, automatisiertes Feedback lässt sich neben den dargestellten Anwendungen mit vielen anderen Tools gestalten. Zu empfehlen sind hier beispielsweise Kahoot!, Quizlet, QuizAcademy oder Wordwall. Auch sie sind unterschiedlich gut geeignet, um Vorwissen abzurufen, zu üben, Sicherungsphasen zu gestalten, zu differenzieren oder um Selbstlernphasen aktivierend zu ergänzen. Das Potenzial im Bereich Feedback beschränkt sich auf die automatisierte Kontrolle, die Lernende unabhängig von der Korrektur der Lehrkraft macht.

Hinsichtlich weiterer Alternativen lohnt sich überdies ein Blick auf sog. KI-Tools (Künstliche Intelligenz), die ebenfalls in der Lage sind, Lernenden ein Feedback zu geben. Insbesondere ChatGPT, ein Sprachmodell des amerikanischen Unternehmens OpenAI, kann in Form „natürlicher" (= menschenähnlicher) Dialoge für Schülerinnen und Schüler nützlich sein. Der Chatbot wurde über einen längeren Zeitraum mit Texten trainiert und verfügt über beeindruckende Fähigkeiten in unterschiedlichsten Wissensbereichen, darunter mehrere Sprachen, Mathematik und Informatik. Die künstliche Intelligenz, die via Chat-Fenster angesprochen werden kann, antwortet in Echtzeit auf viele Fragen mit erstaunlicher Präzision. Auch wenn ChatGPT gelegentlich Fehler macht und eine Überprüfung der Ergebnisse erforderlich ist, kann der kostenlose Webdienst[2] Lernende unterstützen. Sie können z. B. bearbeitete Aufgaben überprüfen und korrigieren lassen, den Chatbot um eine Erklärung oder weiterführende Informationen bitten, Musterlösungen erstellen oder sich von ihm themenspezifisch abfragen lassen. Je nach Eingabe (Prompt) bzw. deren Umfang und Präzision sind selbst ausführliche Lerndialoge über Unterrichtsinhalte möglich, in die Lernende mit dem Sprachmodell treten können.
Schon wenige Wochen nach der Veröffentlichung von ChatGPT zeigt sich, welches Potenzial in KI-Tools steckt, und dass Anwendungen dieser Art zukünftig massiv an Einfluss gewinnen dürften. So ist zu erwarten, dass sich KI-Systeme einerseits zu einer Art persönlichen Lernassistenz weiterentwickeln bzw. als solche verwendet werden. Andererseits dürften bereits bestehende Anwendungen um Elemente der künstlichen Intelligenz erweitert werden, beispielsweise bei der Korrektur von Schüler-Aufgaben, der Formulierung eines individuellen Feedbacks oder der Entwicklung passgenauer Aufgaben-Pakete für das individuelle Lernen.

[2] ChatGPT wurde am 30. November 2022 als kostenloser Webdienst von OpenAI vorgestellt. Interessierte konnten/können das Sprachmodell nutzen, indem sie mit einer E-Mail-Adresse und einem Passwort einen Account bei OpenAI erstellen. Zum Zeitpunkt der Veröffentlichung dieses Buches bietet OpenAI zusätzlich zur kostenfreien Version einen kostenpflichtigen Service mit dem Namen ChatGPT Plus an, der über erweiterte Funktionen verfügt.

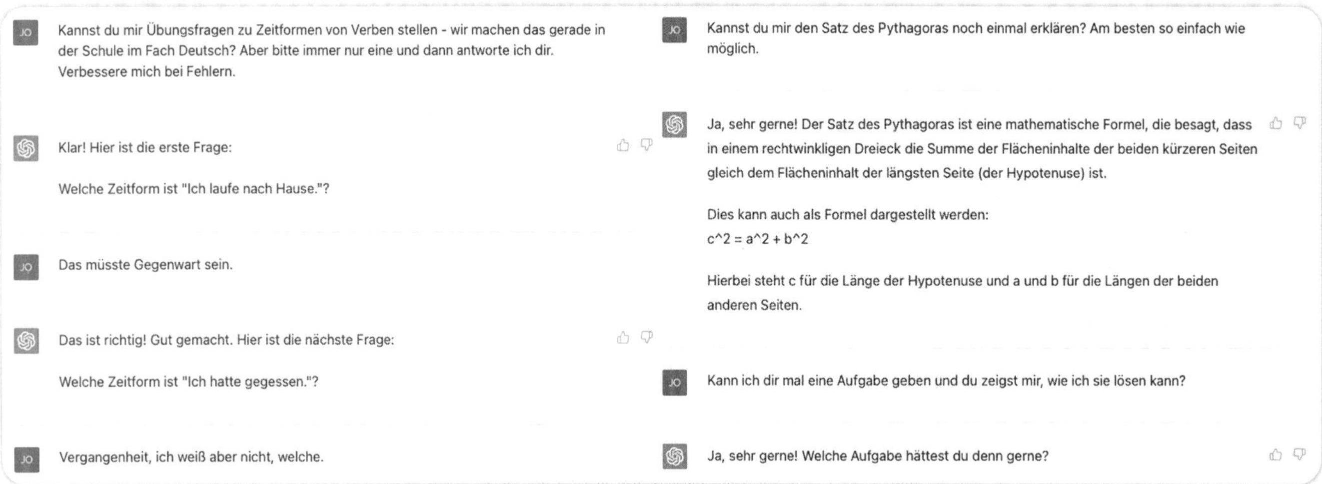

Eigene Beispiele (erstellt auf https://chat.openai.com)

Im Sinne eines lernförderlichen und umfassenden Feedbacks decken derartige Tools nur einen Randbereich ab. Deutlich bedeutsamer sind hingegen die folgenden Kollaborationstools, die unter dem Aspekt des Peer-Feedbacks vorgestellt werden sollen. Sie eignen sich zugleich für Formen des Lehrer-Feedbacks.

Peer-Feedback zu Prozessen und Inhalten mit Padlet, TaskCards, Miro und kollaborativen Dokumenten

„Kollaborative Dokumente sind das grundlegende Element einer digitalen Feedbackkultur", betont Nölte in seinem Beitrag „Lernförderliches Feedback mit digitalen Tools" (ders. 2021). Sie erlauben Kommentare, können geteilt, gemeinsam bearbeitet und in ihrem Versionsverlauf rekonstruiert werden. Dadurch können Lehrkräfte und Lernende den Entstehungsprozess von schulischen Arbeiten sichtbar machen, andere daran teilhaben lassen und diesen Prozess mit Feedback begleiten. Die Voraussetzung dafür ist, dass die entsprechenden Dokumente in einer Cloud gespeichert und/oder in ein Lernmanagement-System eingebunden sind bzw. in einer speziellen Kollaborationssoftware bearbeitet werden können. Die Möglichkeiten sind hierbei zahlreich, weshalb die folgenden drei Beispiele zum einen spezielle Anwendungen zeigen, zum anderen aber auch Kategorien des kollaborativen Arbeitens abbilden sollen. Vorgestellt werden kollaborative Online-Pinnwände, Online-Whiteboards sowie über eine Cloud geteilte Dokumente.

Online-Pinnwände: Padlet und TaskCards

Padlet und TaskCards sind Online-Pinnwände, auf denen Texte, Materialien und Links angeboten werden können. Beide Tools bieten zudem die Option, auf einer Fläche in Echtzeit zusammenzuarbeiten. Damit eignen sie sich für die Darstellung von Arbeitsergebnissen, zu denen Lernende und/oder Lehrkräfte Feedback geben können. Die Daten von Padlet liegen auf Servern in den USA, weshalb es aus Perspektive des Datenschutzes nur eingeschränkt zu empfehlen ist. Alternativ kann TaskCards verwendet werden, ein DSGVO-konformes Tool der Firma dSign Systems aus Deutschland, das einen weitgehend ähnlichen Funktionsumfang bietet.

- Padlet und TaskCards verfügen über kostenlose Benutzerkonten, deren Möglichkeiten eingeschränkt sind. Für den vollständigen Funktionsumfang müssen kostenpflichtige Lizenzen erworben werden.
- Lehrkräfte benötigen zur Erstellung von Pinnwänden ein Konto.
- Die Erstellung und Bearbeitung der Pinnwände findet bei beiden Anwendungen im Browser statt. Bei Padlet ist zusätzlich eine App für mobile Endgeräte und Desktop-PCs verfügbar.

- Auf den Pinnwänden können u. a. Textelemente, Bilder, Weblinks, Videos oder Audio-Aufnahmen integriert werden. Darüber hinaus stehen verschiedene Darstellungsformen zur Verfügung (Zeitstrahl, Tafel etc.).
- Schülerinnen und Schüler können Pinnwände per Link oder QR-Code® erreichen und bearbeiten.
- Da für Lernende keine Anmeldung nötig ist, können beide Tools auf Schulgeräten datenschutzkonform eingesetzt werden. Posts von Lernenden, die auf die jeweilige Person zurückgeführt werden können (über Stimme, Bild, Video), sollten nur genutzt werden, wenn eine Einverständniserklärung der Erziehungsberechtigten vorliegt.
- Lernende können hochgeladene Aufgaben bewerten und gegenseitig kommentieren.
- Über die Vergabe von Berechtigungen können einzelne Spalten bei TaskCards nur für einen Teil der Klasse oder sogar nur für einzelne Lernende freigeschaltet werden.

Einsatzbeispiele: Beide Anwendungen eignen sich, um Lern- und Übungsmaterial digital anzubieten, Wochenplan-Arbeit oder Lerntheken digital zu gestalten, Schüleraufgaben zu besprechen oder, um Peer-Feedback zu organisieren.

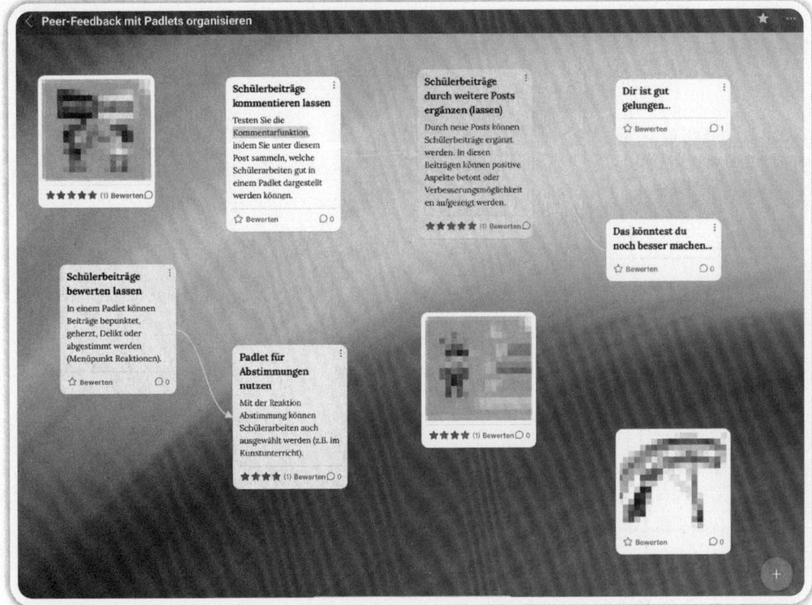

Peer-Feedback mit Padlet organisieren (Screenshot)

Eignung für Feedback-Prozesse: Padlet und TaskCards ermöglichen Lehrer- und Peer-Feedback zu bearbeiteten Aufgaben, die auf der Pinnwand dargestellt werden. Dazu kann einerseits die Kommentarfunktion beim jeweiligen Post genutzt oder eine eigene Spalte für Feedback eingerichtet werden. Andererseits ermöglichen beide Anwendungen Reaktionen auf Beiträge, die für Feedback genutzt werden können, bei Padlet z. B. „Gefällt mir", „Abstimmen" oder „Sterne vergeben". Überdies kann Feedback in anderen Formen gegeben werden, z. B. als Audio-Botschaft, als hochgeladenes Emoji oder in Form eines sog. Memes (meist montierte und mit Text versehene Fotos oder Animationen).

Organisationsvorschlag von Gruppenarbeiten mit TaskCards (Screenshot)

Vorteile: Padlet und TaskCards sind sehr flexible Programme, die Zusammenarbeit auf einer Fläche ermöglichen. Sie können jahrgangs- und fächerübergreifend eingesetzt werden und funktionieren browserbasiert auf allen Geräten. Die Gestaltungsoptionen sind zahlreich, aber nicht unübersichtlich, sodass auch Einsteigerinnen und Einsteiger Zugang finden können. Vor allem Padlet hat sich im Fern- und Hybridunterricht als Angebotsplattform bewährt und wurde von vielen Lehrkräften eingesetzt. Für die Anleitung zum digitalen Peer-Feedback können beide Anwendungen hervorragend verwendet werden.

Nachteile: Während Padlet aus datenschutzrechtlicher Sicht in der Kritik steht, bietet TaskCards im Bereich des kostenfreien Accounts recht eingeschränkte Möglichkeiten. Überdies sind die Gestaltungsoptionen im Vergleich zu Online-Whiteboards wie Miro limitiert, was bei viel Inhalt mitunter zu Unübersichtlichkeit führen kann.

Fazit: Online-Pinnwände haben einen festen Platz im Ensemble digitaler Tools für den zeitgemäßen Unterricht. Sie bieten viele Funktionen und Anknüpfungspunkte für alle Fächer und Altersklassen. Feedback von Lehrkräften und/oder Peer-Feedback kann ohne Probleme organisiert und dargestellt werden.

Kollaborative Online-Whiteboards: Miro

Miro ist ein kollaboratives Online-Whiteboard, das auf amerikanischen Servern betrieben wird. Auf einer endlosen Fläche können Inhalte arrangiert, zu verschiedensten Themen zusammengearbeitet, kommuniziert und präsentiert werden. Das Tool ist in hohem Maße flexibel und kann in zahlreiche didaktische Zusammenhänge integriert werden. Je nach Schwierigkeitsgrad einer Aufgabe können auf einem Miro-Board einfache oder hochkomplexe Darstellungsformen gewählt werden.

- Miro funktioniert browserbasiert auf allen Endgeräten.
- Auf mobilen Endgeräten steht Miro auch als App zur Verfügung.
- Das Tool kann mit großem Funktionsumfang kostenlos genutzt werden. Für Lehrkräfte wird nach Vorlage einer Schulbestätigung die Vollversion freigeschaltet.
- Eine Anmeldung ist für Lehrkräfte nötig, für Lernende jedoch nicht – selbst dann nicht, wenn ein Miro-Board für die aktive Zusammenarbeit genutzt wird.
- Das kollaborative Whiteboard kann als Angebots- oder Arbeitsplattform genutzt werden.
- Auf einem Miro-Board können Text- und Bildelemente, Links, Materialien, Audiodateien, Videos, Zeichnungen und weiterführende Übungen eingestellt werden.
- Darüber hinaus stehen einige Gestaltungsvorlagen (Templates) bereit, mit denen Arbeitsprozesse strukturiert werden können.
- Inhalte können mit sog. Frames versehen und nacheinander präsentiert werden.
- Zusätzlich zur kollaborativen Arbeitsfläche gibt es einen Chat, einen Kommentarbereich und eine Board-Historie.
- Schulen, die MS Teams einsetzen, können Miro-Boards direkt in ihre Teams einfügen, z. B. als Registerkarte.

Einsatzbeispiele: Für die Verwendung von Miro-Boards gibt es unzählige Beispiele. So können z. B. Mindmaps oder digitale Plakate für Gruppenpräsentationen kollaborativ erstellt, Arbeitsprozesse während einer Projektarbeit strukturiert oder Schülerergebnisse zu Übungsaufgaben hochgeladen und weiterbearbeitet werden.

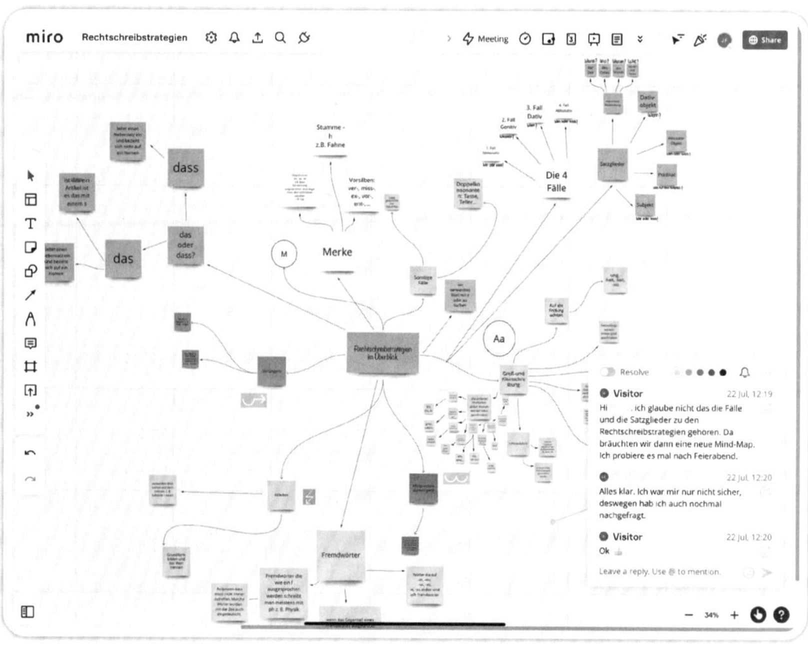

Rechtschreibstrategien – Mindmap mit Miro (Screenshot)

Eignung für Feedback-Prozesse: Ebenso wie Padlet und TaskCards ist Miro nicht als Feedback-Tool im eigentlichen Sinne angelegt. Gleichwohl kann Feedback damit gestaltet werden. Schülerinnen und Schüler können Aufgaben aus ihrer Lerngruppe z. B. kommentieren, korrigieren und weiterbearbeiten. Ferner können Anmerkungen über den Chat kommuniziert oder Abstimmungen über eine angegliederte App organisiert werden. Überdies können Rückmeldungen als Audio- oder Videobotschaft eingestellt werden.
Vorteile: Die Einsatzmöglichkeiten von Miro im Unterricht sind nahezu unbegrenzt. Mit dem kostenlosen Account für Lehrkräfte stehen alle Funktionen zur Verfügung. Miro kann damit geräte- und fächerübergreifend eingesetzt werden, um asynchrone Zusammenarbeit zu organisieren, und eignet sich daher auch als Instrument für den Fern- und Hybridunterricht.
Nachteile: Aufgrund der Vielzahl von Funktionen ist Miro für Einsteigerinnen und Einsteiger sowie für jüngere Lernende unübersichtlich und komplex. Hinzu kommt die Schwierigkeit, eigene didaktische Zusammenhänge konstruieren zu müssen, da Miro nicht explizit für die Schule entwickelt wurde. Außerdem ist das Tool aus datenschutzrechtlicher Sicht kritisch zu bewerten.
Fazit: Miro ist unter den browserbasierten Online-Tools die eierlegende Wollmilchsau und ermöglicht unbegrenzte Einsatzvielfalt. Wer sich von der Komplexität nicht abschrecken lässt, findet hier das eine Tool für (fast) alles. Damit steht Miro stellvertretend für andere kollaborative Online-Whiteboards, die einen ähnlichen Funktionsumfang bieten. Hier sind z. B. Mural, Conceptboard oder Collaboard zu nennen. Alle Anwendungen eignen sich, um in der dargestellten Weise Feedback zu organisieren.

Kollaborative Dokumente

Kollaborative Dokumente kommen etwas unscheinbar als Textverarbeitungswerkzeuge daher, ermöglichen aber zahlreiche Formen der Zusammenarbeit und damit auch des Feedbacks. Umgesetzt werden kann dieses Vorhaben mit Anwendungen von Microsoft® (z. B. Word oder PowerPoint), Google® (z. B. Google® Docs) oder Apple (z. B. Pages oder Keynote). Darüber hinaus kann Kollaboration mit sog. Etherpads (z. B. ZUMPad oder EduPad) angeleitet werden, die über deutlich weniger Funktionen verfügen, dafür aber ohne Konto und Kosten eingesetzt werden können.

- Kollaborative Dokumente ermöglichen asynchrone Zusammenarbeit und Feedback unabhängig von Ort und Zeit.
- Als geteilte Dokumente innerhalb eines Cloud-Speichers (z. B. Microsoft® OneDrive, Google®Drive, iCloud) können sie in der jeweiligen Anwendung oder im Browser bearbeitet werden. Für alle drei Beispiele gibt es auch Apps für mobile Endgeräte.
- Das Teilen der Dokumente erfolgt aus der Anwendung heraus (bei Microsoft® und Google® „Freigeben“, bei Apple „Zusammenarbeiten“).
- Bevor eine weitere Person eingeladen oder der Link zum geteilten Dokument weitergegeben werden kann, müssen i. d. R. Rechte konfiguriert werden, ob teilnehmende Personen z. B. schreiben, bearbeiten, kommentieren oder nur lesen dürfen.
- Lehrkräfte benötigen für das Anlegen und Teilen der Dokumente ein Konto, welches bei Microsoft®, Google® und Apple mit einem begrenzten Cloud-Speicher-Volumen kostenlos zur Verfügung gestellt wird.
- Der zum Konto gehörende Cloud-Speicher wird als Ausgangspunkt für verschiedene Anwendungen genutzt (bei Microsoft® auch PowerPoint, bei Apple auch Keynote etc.).
- Lernende benötigen zum Bearbeiten eines Dokumentes kein Konto, die Zusammenarbeit kann vollständig anonym erfolgen. Insofern Lernende jedoch selbst Dokumente anlegen wollen (z. B., um gemeinsam eine Präsentation zu erstellen), wird ein Konto benötigt.
- Neben den Cloud-Lösungen von Microsoft®, Google® und Apple kann alternativ auf kosten- und accountfreie Etherpads zurückgegriffen werden. Hier ist insbesondere Board.net zu empfehlen, da dort sogar Bilder integriert werden können.

- Überdies können Open-Source-Lösungen verwendet werden. Allen voran ist hier OnlyOffice zu nennen, womit ebenfalls kollaborativ an Textdokumenten, Tabellen und Präsentationen gearbeitet werden kann.

Einsatzbeispiele: Kollaborative Dokumente können insbesondere für Schreibaufgaben herangezogen werden, die in einem kommunikativen und kooperativen Prozess entstehen. Damit können diverse Aufgaben in Sprachfächern gestellt, geteilt, korrigiert, überarbeitet und vorgestellt werden (z. B. Aufsätze, Grammatikübungen etc.). Die Zusammenarbeit erfolgt über sichtbar gemachte Änderungen (z. B. mit dem Modus „Änderungen nachverfolgen" bei Word) oder über Kommentare. Über einen integrierten Chat können die kollaborierenden Personen sogar kommunizieren.

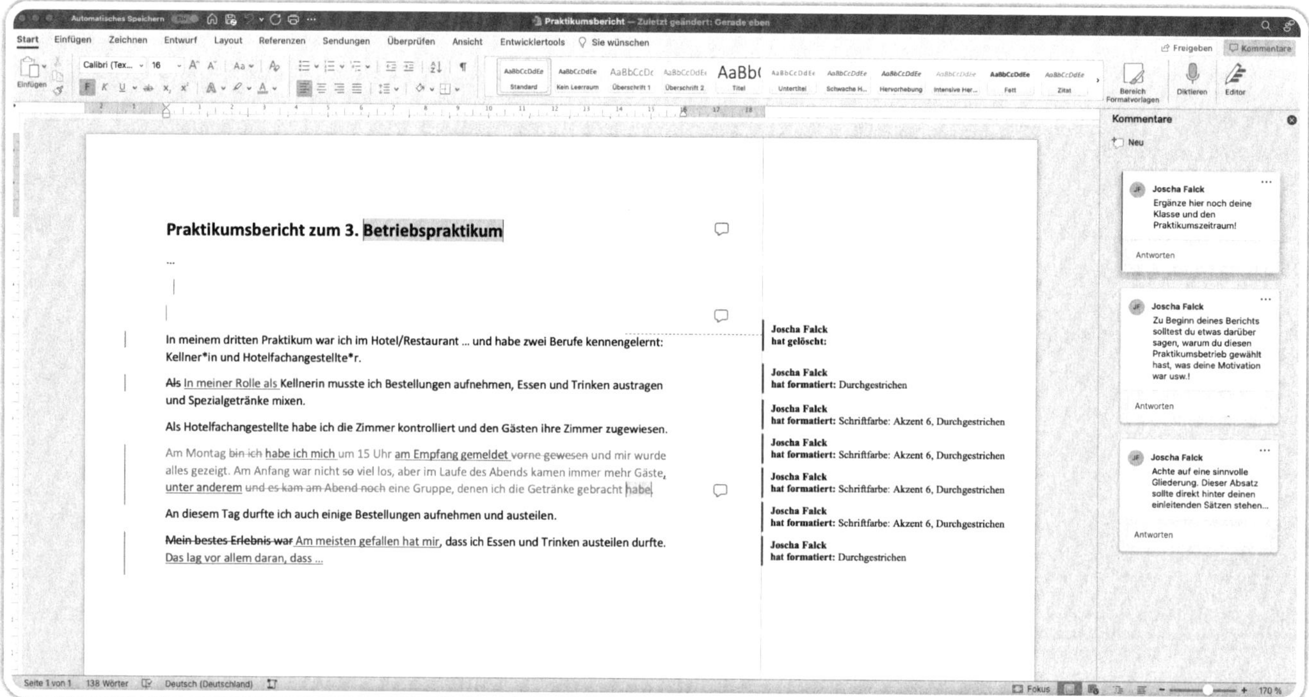

Änderungen nachverfolgen und Kommentare bei Word (Screenshot)

Eignung für Feedback-Prozesse: Geteilte Dateien ermöglichen Arbeitsprozesse, bei denen ein Entwurf erst kommentiert und anschließend überarbeitet wird. Feedback kann dabei über den Rückverfolgungsmodus von Änderungen, über Korrekturzeichen, Kommentare oder Ergänzungen gegeben werden. Die Funktionen können als Peer- oder als Lehrer-Feedback nützlich sein. Die Erfahrung zeigt, dass Lernende bei der Zusammenarbeit an einem Dokument eher die Chat-Funktion zum Austausch wählen, während Lehrkräfte bei einem Feedback an Lernende vorrangig die Kommentar-Funktion nutzen.

Vorteile: Geteilte Dokumente sind fächer- und geräteübergreifend einsetzbar. Sie bieten einen sehr großen Funktionsumfang, können aber genauso niederschwellig als bloße Texterstellungssoftware verwendet werden. Die größten Potenziale ergeben sich, wenn Lernende über eigene Konten verfügen und selbst Dokumente anlegen und teilen können. Der dadurch entstehende Workflow vermittelt auf besondere Weise Medienkompetenz, weil er neben der Zusammenarbeit das Anlegen und Verwalten von Dokumenten beinhaltet und Aspekte der digitalen Organisation berührt. Mit geteilten Dokumenten kann prozessorientiert gearbeitet und Feedback verwirklicht werden, z. B. als Peer-Feedback oder Feedback von Lehrenden an Lernende.

Nachteile: Etherpads haben einen sehr begrenzten Funktionsumfang und können nur als Export dauerhaft gespeichert werden. Aus diesem Grund eignen sich diese Texteditoren nur für reduzierte Einsatzzwecke. Umfangreicher, aber mit einem Konto verbunden, sind kollaborative Dokumente von Microsoft®,

Google® und Apple. Da diese Anwendungen nicht für die Schule konzipiert wurden und entsprechend funktionsreich sind, müssen didaktische Zusammenhänge erst geschaffen und der Einsatz mit Lernenden langsam aufgebaut werden. Überdies stehen die Online-Dienste der drei großen Digitalkonzerne aus datenschutzrechtlicher Sicht in der Kritik und sollten nur mit Einverständniserklärung der Erziehungsberechtigten verwendet werden.

Dokumente freigeben bei Word

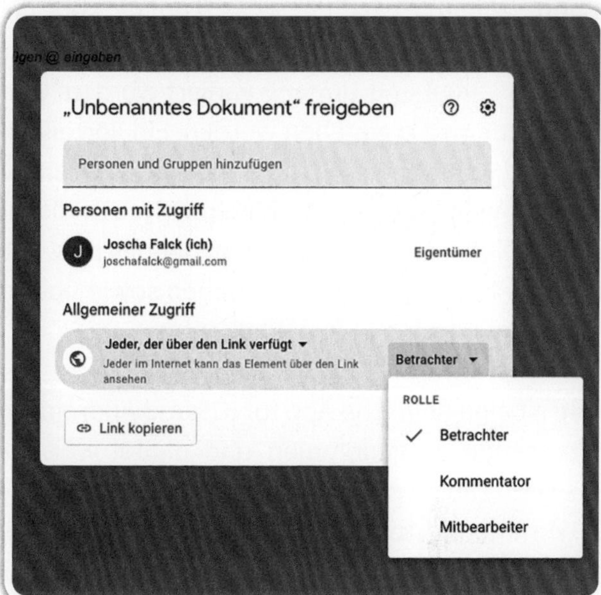

Rechtevergabe bei einem Google®-Doc

Fazit: Kollaborative Dokumente dürften für die digitale Zusammenarbeit mittelfristig zum Standard-Repertoire von Lehrkräften gehören. Für Lernende können sie einfach angelegt und in verschiedenen didaktischen Zusammenhängen genutzt werden. Feedback kann mit ihnen prozessorientiert ebenso gegeben werden, wie Lernende ihre Zusammenarbeit gestalten, wechselseitig kommentieren und überarbeiten können. Lehrkräfte sind aufgefordert, didaktische Zusammenhänge für die technischen Möglichkeiten zu konstruieren und diese in ihrem Unterricht und ihren Fächern altersgemäß auszugestalten. Wenn das gelingt und man bedenkt, dass in ein Word- oder PowerPoint-Dokument neben Text diverse Mediendateien integriert werden können, wird deutlich, wie viel Potenzial in kollaborativen Dokumenten liegt.

Kits als Alternative
Eine interessante Sammlung kollaborativer Tools findet sich ferner bei *www.kits.blog* – eine Projektplattform des niedersächsischen Landesinstituts für schulische Qualitätsentwicklung. *Kits* steht dabei für „Kompetent in Sprache und Technik" und bietet kostenfreie, datenschutzkonforme Tools an, u.a. ein Etherpad, ein Tool für kollaboratives Mindmapping sowie ein kollaboratives Zeichentool. Eine Anmeldung ist nicht nötig, Lernende benötigen nur den Link zur Anwendung.

Persönliches Feedback von Lehrenden mit hyFee, Loom und GoFormative

Bei den vorgestellten Anwendungen wurde deutlich, dass Feedback als Nebeneffekt der Zusammenarbeit bei Online-Pinnwänden, Online-Whiteboards und kollaborativen Dokumenten gegeben werden kann, ohne dass es sich explizit um Feedback-Tools handelt. Wie dargestellt, lassen sich die jeweiligen Funktionen auch für formatives Feedback von Lehrkräften an Lernende nutzen. Insofern stellen die folgenden Tools nur eine Ergänzung dar, wie Lehrer-Feedback in Form von Audio- oder Videobotschaften gestaltet werden kann. Anschließend soll mit GoFormative eine umfangreiche Feedback-Anwendung vorgestellt werden, die Elemente kollaborativer Dokumente mit Audio- und Video-Feedback vereint. Zu guter Letzt soll auf Lernplattformen als „Komplettlösungen" Bezug genommen werden, mit denen ebenso lernförderliches Feedback gestaltet werden kann.

Audio-Feedback

Bei Audio-Feedback handelt es sich um ein sehr persönliches Feedback, mit dem Korrekturen und schriftliche Kommentare ergänzt und erweitert werden können. Die Aufnahmen sind i. d. R. schnell gemacht und können in Länge und Umfang variiert werden. Über einen Link oder QR-Code® kann das Audio-Feedback an Lernende weitergegeben werden. Ein Vorteil besteht darin, dass es wiederholt angehört werden kann. Überdies bieten Anwendungen wie hyFee oder Qwiqr die Option, Feedback in verschiedenen Formaten (Ton, Bild, Video etc.) zu kombinieren. Neben diesen speziellen Anwendungen kann Audio-Feedback auch über die Diktierfunktion des Smartphones bzw. Tablets oder mit einem Audio-Programm (z. B. Audacity®) auf einem Desktop-PC aufgenommen sowie über die Aufgabenmodule vieler Lernplattformen direkt eingesprochen werden (z. B. bei MS Teams).

HyFee ist eine deutsche App für iOS und Android®, mit der Feedback für Lernende aufgenommen und digital weitergegeben werden kann. Dazu zählen Audio-, Video- und Textnachrichten sowie Dateien (z. B. kommentierte PDF-Dokumente). Hierfür kann entweder *hyFee Cloud* genutzt werden oder aber man verbindet die App mit anderen privaten oder schulischen Cloud-Diensten (Nextcloud, OneDrive etc.).

- Der Funktionsumfang von *hyFee Cloud* kann eine Woche kostenfrei getestet werden, anschließend müssen Nutzende ein gebührenpflichtiges Monats-Abo abschließen. Bei diesem Modell werden erstellte Feedback-Daten auf dem Server von hyFee gespeichert und können ohne eigene Cloud genutzt werden.
- Bei einer Anbindung an einen eigenen Cloud-Dienst kann die App gegen eine einmalige Gebühr genutzt werden. Ein Benutzerkonto muss nicht erstellt werden, hyFee erhebt keinerlei personenbezogene Daten. Der Login erfolgt über die angebundene Cloud.
- Die Erstellung und Bearbeitung von Feedback kann in der App stattfinden, die für iOS und Android® vorliegt. Wenn ein eigener Cloud-Dienst angebunden ist, werden die Feedback-Dateien dort beliebig lang gespeichert. Es können zudem Dateien, die mit anderen Apps erstellt wurden (z. B. ein in einer PDF-App korrigierter Aufsatz), hochgeladen werden.
- Schülerinnen und Schülern kann das Audio-Feedback per Link oder QR-Code® übermittelt werden.
- Für einen besonders effektiven Workflow können Platzhalter-QR-Codes® vorbereitet und nachträglich mit Feedback verknüpft oder „befüllt" werden.
- Es können mehrere Elemente (Ton, Video, Bild) zu einem Feedback-Paket kombiniert werden, darunter auch aus anderen Programmen importierte Dateien (z. B. Videos aus Explain Everything oder PDFs aus GoodNotes).

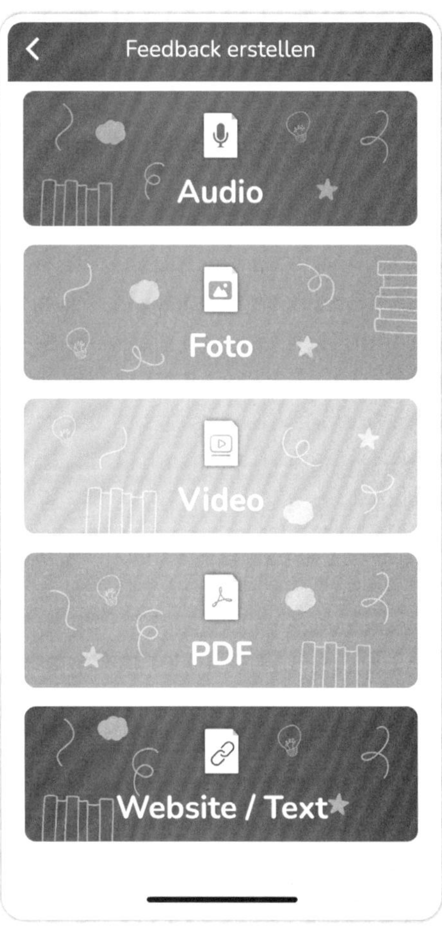

Feedback erstellen mit hyFee (Screenshot)

- Lehrkräfte können Text eingeben, der automatisch in andere Sprachen übersetzt und als authentisches Audio ausgegeben wird. Die Übersetzungs- und Sprache-zu-Text-Funktion steht allen Nutzerinnen und Nutzern von *hyFee Cloud* und *hyFee Drive Pro* im Rahmen eines Abonnements zur Verfügung.
- Eine spezielle EDU-Variante der hyFee-Cloud für iOS ermöglicht es, hyFee über das jeweilige MDM (Mobile Device Management) der Schule an Schülergeräte zu verteilen.

Einsatzbeispiele für Feedback mit hyFee: HyFee kann z. B. verwendet werden, um Feedback zum Wochenplan oder zu Schulaufgaben zu geben. Audio-Rückmeldungen sind aber ebenso geeignet, um prozessorientiertes Feedback zu Portfolio-Arbeiten zu übermitteln, Sachtexte als Audio-Aufnahmen zugänglich zu machen oder Informationen an die Eltern per QR-Code® ins Hausaufgabenheft einkleben zu lassen. Indem hyFee auf Tablets von Lernenden installiert wird, können z. B. Sprachübungen im Fremdsprachenunterricht aufgenommen und per Link oder QR-Code® zur Kontrolle an die Lehrkraft übermittelt werden.

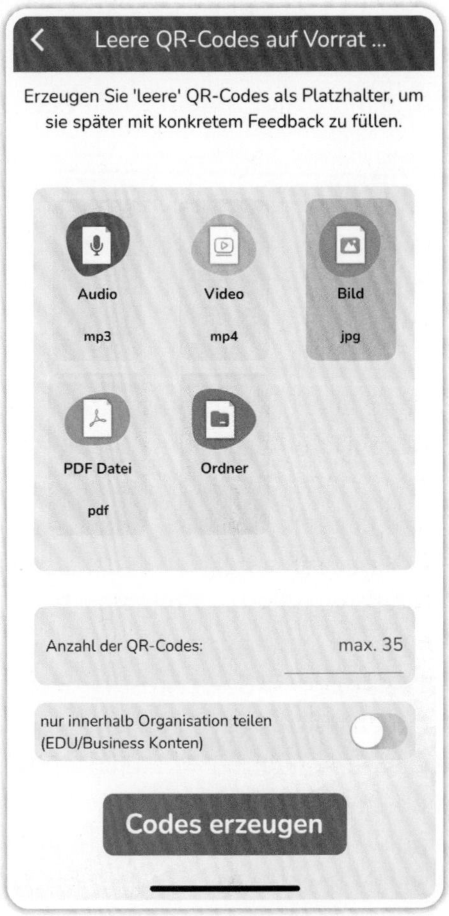

Platzhalter-QR-Codes® mit hyFee (Screenshot)

Vorteile: HyFee bietet zahlreiche Möglichkeiten, um persönliches Feedback zu erstellen und unkompliziert an Lernende zu übermitteln (s. auch Empfehlung von Dominik Schöneberg auf Twitter®). Die Bedienung der App ist niederschwellig und kann per MDM-Verteilung auf Dienst- und Schülergeräten genutzt werden. Die Verknüpfung mit Cloud-Diensten ermöglicht es, hyFee dem bereits vorhandenen System der Schule anzugliedern. Überdies ist das Tool werbefrei und ermöglicht persönliches Feedback auf datenschutzkonforme Weise.

Nachteile: Trotz übersichtlicher Gestaltung erfordert die Nutzung von hyFee einige Vorüberlegungen (Einrichtung und Anbindung an ein Cloud-System). Wird hyFee nicht bloß von Einzelpersonen, sondern innerhalb einer Fachschaft oder eines Kollegiums genutzt, ergibt es Sinn, die Ersteinrichtung und Einführung in einer gemeinsamen Fortbildungsveranstaltung durchzuführen.

Fazit: HyFee überzeugt mit einem durchdachten Konzept zur Erstellung von digitalem Feedback. Die Kombination aus übersichtlicher App für mobile Endgeräte und Anbindung an unterschiedliche Cloud-Dienste macht hyFee anschlussfähig an Schulsysteme. Damit es nicht nur von interessierten Lehrkräften genutzt wird, sondern Teil eines schulischen Feedback-Konzepts werden kann, ist es ratsam, die Anwendung auf Dienst- und Schülergeräte zu verteilen.

Dominik Schöneberg @lueckenbildung · 8. Juni 2021
Mein neuer Workflow fürs Audio-Feedback: Aufnehmen, in der Schul-Cloud abspeichern und QR-Code generieren mit der Handy-App @hyfeeCloud. Code direkt vom Handy mit dem Mini-Drucker ausdrucken und unter die Arbeit kleben. Geht wirklich im Handumdrehen. Danke ans #twlz für die Tipps

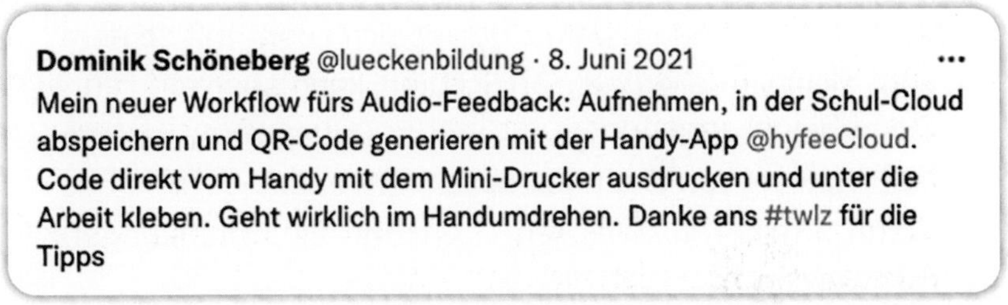

Neuer Workflow mit Audio-Feedback – Tweet von Dominik Schöneberg vom 08.06.21 (https://twitter.com/lueckenbildung)

Qwiqr als Alternative

Audio-Feedback kann ebenso mit der englischsprachigen Anwendung Qwiqr aufgenommen und weitergegeben werden. Es weist einen ähnlichen Funktionsumfang wie hyFee auf, bietet jedoch keine App für mobile Endgeräte sowie keine Anbindung an Cloud-Dienste. Das Feedback wird stattdessen nach einem

Log-in auf der Homepage generiert, gespeichert und von dort als Link oder QR-Code® weitergegeben. Eine Verschlüsselung erfolgt nicht, die Links beinhalten aber aufwendige Buchstaben- und Zahlenkombinationen, die eine hohe Sicherheit versprechen. Auf Angabe von Daten, die eine Verbindung zwischen Feedback und einer Person zulassen, sollte dennoch verzichtet werden. Die Option, mit Platzhalter-QR-Codes® zu arbeiten, besteht ebenso. In der kostenpflichtigen Variante kann mit Qwiqr zudem Video-Feedback erstellt werden.

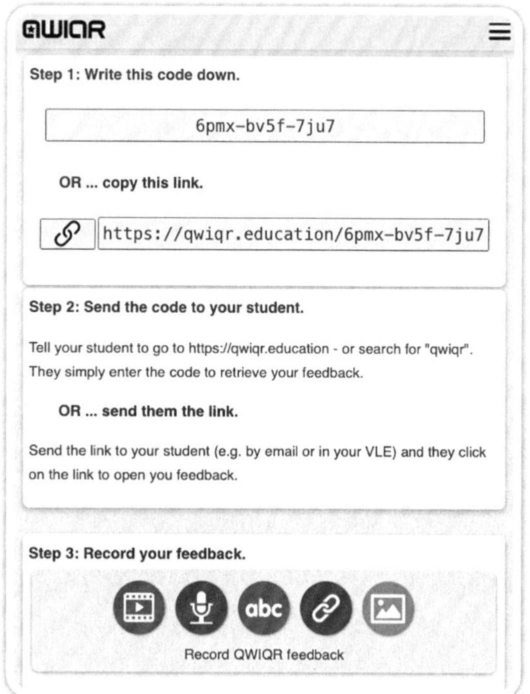

Arbeitsschritte bei Qwiqr

Video-Feedback mit Screencasts

Screencasts sind Bildschirmaufnahmen, die z. B. für das Erstellen von Erklärvideos eingesetzt werden können. Ferner sind sie geeignet, um Feedback zu digitalen Aufgaben aufzunehmen und an Lernende weiterzuleiten. Daher wird hier von Video-Feedback gesprochen, bei dem die Korrektur einer Aufgabe per Bildschirmaufnahme gefilmt wird. Der persönliche Effekt wird auf diese Weise (im Vergleich zu Text- oder Audio-Feedback) noch einmal verstärkt, wenn die Lehrkraft im Video zu sehen ist. Technisch lässt sich Feedback mit verschiedenen Anwendungen umsetzen: Auf iPads® und iPhones® gibt es z. B. die vorinstallierte Funktion der „Bildschirmaufnahme". Für andere Geräte muss auf zusätzliche Software zurückgegriffen werden, etwa auf die englischsprachigen, webbasierten Anwendungen Screencastify, Screencast-O-Matic, Loom oder – für eine professionelle Nutzung – Camtasia®. Zugleich stehen Anwendungen zur Verfügung, die installiert werden müssen, z. B. Ashampoo® Snap, QuickTime oder der kostenlose VLC-Player, mit dem ebenfalls Bildschirmaufnahmen erstellt werden können. Innerhalb des Aufgabenmoduls von MS Teams kann Video-Feedback direkt in eine abgegebene Aufgabe eingebunden werden. Es wird deutlich, dass die Wahl einer geeigneten Software zur Erstellung von Video-Feedback keinesfalls leichtfällt. Nachfolgend soll der beliebte Webdienst Loom hervorgehoben und exemplarisch vorgestellt werden.

Loom ist ein amerikanischer Webdienst für Bildschirmaufnahmen, die sowohl Bild und Ton als auch die Webcam der erstellenden Person erfassen. Damit richtet sich Loom mit seinem Angebot nicht vordergründig an Schulen, kann aber von Lehrkräften unter Berücksichtigung einiger Datenschutzaspekte für die Erstellung von Video-Feedback verwendet werden. Das Tool kann in einer kostenlosen Lizenz mit Einschränkungen genutzt werden.

- Lehrkräfte benötigen für die Erstellung von Screencasts mit Loom einen Account. Dieser ist in der Basisversion frei und für das Aufnehmen von Video-Feedback ausreichend.
- Loom kann als Webdienst über den Browser genutzt werden und ist als Chrome-Erweiterung zur Installation verfügbar. Darüber hinaus kann Loom als Desktop-Anwendung für PCs heruntergeladen und genutzt werden.
- Die Erstellung von Videos mit Loom ist sehr einfach. Es kann zwischen Bildschirm- und Fensteraufnahme gewählt

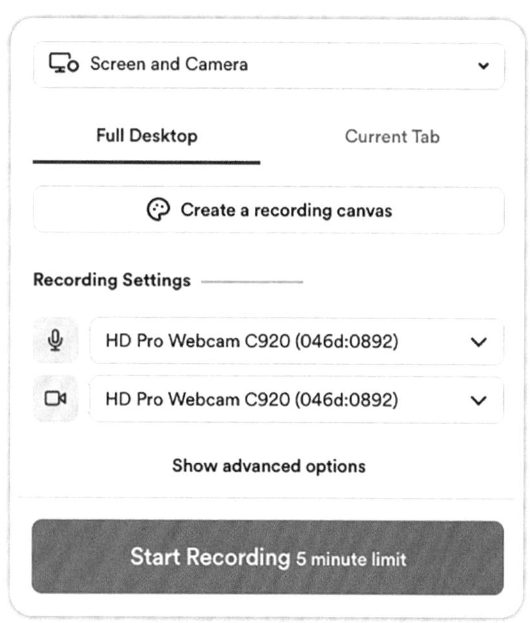

Aufnahmemenü bei Loom

werden. Zudem kann eingestellt werden, ob und in welcher Form und Größe das eigene Bild zu sehen ist.
- Ein erstelltes Video wird auf der Loom-Plattform gespeichert und kann von dort aus heruntergeladen oder per Link geteilt werden.
- Erstellte Videos können nachträglich bearbeitet und z. B. um Emojis ergänzt werden.

Einsatzbeispiele für Feedback mit Loom: Video-Feedback mit Loom kann ideal verwendet werden, um digital abgegebene Aufgaben (Texte, Präsentationen, Mindmaps etc.) zu korrigieren oder zu besprechen und sich selbst dabei zu filmen. Im Sinne eines formativen Feedbacks sollte dies jedoch nicht am Ende des Bearbeitungsprozesses stehen, sondern zu einem früheren Zeitpunkt gegeben werden, damit die Lernenden die Rückmeldungen der Videobotschaft noch entsprechend verarbeiten können.

Vorteile: Loom ist geräteübergreifend nutzbar und gut geeignet, um schnell und einfach Video-Feedback per Screencast zu Aufgaben zu erstellen. Das Video kann digital weitergegeben werden. Der Funktionsumfang in der kostenlosen Basisversion ist für diese Zwecke ausreichend.
Nachteile: Die Plattform bietet diesen nutzerfreundlichen Funktionsumfang nicht ohne Preis. Mit Blick auf die Datenschutzerklärung wird deutlich, dass jede Menge Daten „abfließen" und sich Loom daher nur unter Berücksichtigung einiger datenschutzrechtlicher Aspekte anbietet. Daher sollten Lehrkräfte Loom zum einen nur für die Erstellung eigener Videos auf dem privaten Gerät oder dem Dienstgerät nutzen und nicht zur Erstellung von Videos durch Lernende. Zum anderen sollten Namen oder sonstige Merkmale, die einer Person zugeordnet werden können, innerhalb des Video-Feedbacks vermieden werden.
Fazit: Der Funktionsumfang von Loom ist zur Erstellung von Video-Feedback geeignet, die Anwendung ist niederschwellig und geräteübergreifend einsetzbar. Es erscheint jedoch angesichts der Datenschutzproblematik sinnvoll, Loom-Videos nicht per Weblink zu teilen, sondern diese herunterzuladen und Lernenden über die schulische Lernplattform bereitzustellen. Alternativ kann auf Bildschirmaufnahmen bei iPads® oder andere, zuvor beschriebene Software zurückgegriffen werden.

GoFormative

GoFormative ist ein kostenfreies und vielseitiges Tool aus den USA, das wie eine Art Mini-Lernplattform wirkt und Feedback während des Lernprozesses ermöglicht. Mit der webbasierten Anwendung können verschiedenste Aufgabentypen in Sammlungen angelegt werden, die anschließend von Lernenden bearbeitet werden. Lehrkräfte erhalten in diesem sog. *classroom response system* direkten Einblick in den Arbeitsprozess der Lernenden und können darauf Feedback geben.
- Lehrkräfte können für die Nutzung der Grundfunktionen einen kostenlosen Account erstellen und virtuelle Klassenräume für Schülerinnen und Schüler anlegen. Für den vollen Funktionsumfang muss eine kostenpflichtige Lizenz erworben werden.
- Lernende brauchen für die Nutzung ebenfalls einen Account, der aber mit Pseudonymen angelegt werden kann.
- Nach der Erstellung des Klassenraumes werden Aufgaben z. B. als Frage, Multiple Choice, Reihenfolge, Zuordnungen oder zeichnerische Antwortmöglichkeiten erstellt. Es können auch Arbeitsblätter importiert werden, z. B. als PDF- oder als Bild-Datei.
- Die erstellten Aufgaben werden angelegten Klassen zugewiesen und an die Lernenden per Link oder Geräte-Code verteilt. Lernende ohne Account können die Aufgaben als „Gaststudierende" bearbeiten. Die Bearbeitung erfolgt im Browser.
- Antworten der Lernenden können automatisiert kontrolliert werden.

- Mit dem Übungsformat „Show your work" können Lehrkräfte live mitverfolgen, woran Schülerinnen und Schüler gerade arbeiten, und direkt in den Arbeitsprozess eingreifen. Auch bei anderen Aufgabenstellungen kann eingesehen werden, was Lernende bearbeitet haben.
- Lehrkräfte können auf die bearbeiteten Aufgaben Feedback geben (Text, Audio, Video). Dazu erhalten angemeldete Schülerinnen und Schüler ein Signal und können das Feedback einsehen.
- Arbeitsblätter können nach dem Import in interaktive Aufgaben umgewandelt bzw. mit diesen angereichert und von Lernenden innerhalb der GoFormative-Umgebung bearbeitet werden.

Einsatzbeispiele für Feedback mit GoFormative: Mit GoFormative können Arbeitsblätter gut in eine digitale Umgebung eingebunden werden. Überdies können Übungsaufgaben für Sicherungen angelegt, aber auch komplexe Lernaufgaben gestaltet werden. Die Arbeitsphase der Lernenden kann insbesondere bei umfangreichen Aufgaben (z. B. Erstellen eines Diagrammes, eines längeren Textes oder einer Zeichnung) adäquat begleitet werden, indem lernförderliches Feedback immer dann gegeben wird, wenn Lernende eine entsprechende Unterstützung benötigen.

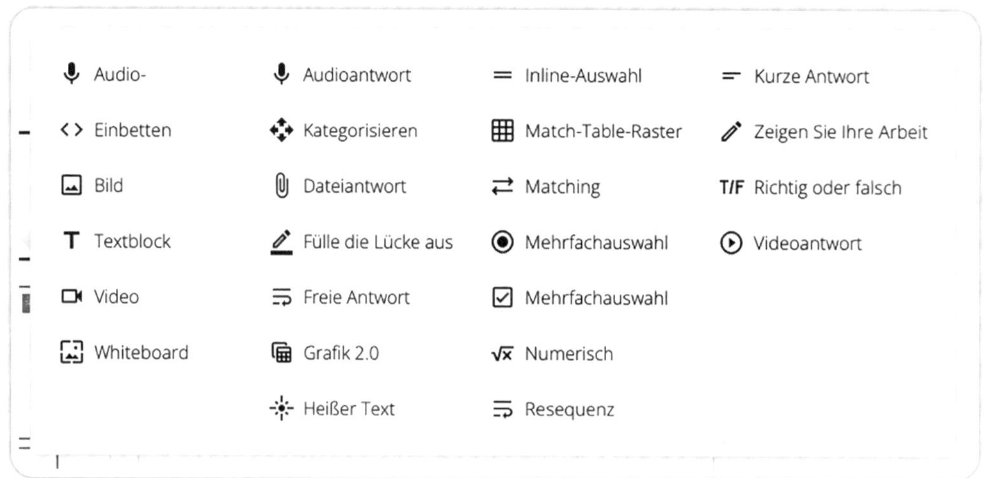

Aufgabenformate bei GoFormative

Vorteile: Mit der App können Arbeitsprozesse vollständig digital ablaufen, was speziell für den Fern- und Hybridunterricht Chancen bietet. Im Klassenraum kann GoFormative sinnvoll genutzt werden, um Lernprozesse zu begleiten, Aufgaben direkt einzusehen und Lernenden sofort Rückmeldung zu geben. GoFormative kann im Browser geräteübergreifend und in allen Fächern eingesetzt werden. Während die Arbeitsoberfläche für Lehrkräfte viele Funktionen bietet, ist die Ansicht der Lernenden einfach und übersichtlich, sodass selbst jüngere Schülerinnen und Schüler ohne Probleme üben können.

Nachteile: GoFormative erschließt sich Lehrkräften, die digitales Arbeiten bzw. das Erstellen von digitalen Übungseinheiten gewohnt sind, relativ schnell. Für Einsteigerinnen und Einsteiger ist die Arbeitsoberfläche mit den einzelnen Schritten (Klassen anlegen, Aufgaben erstellen, zuweisen, Ergebnisse einsehen, Feedback geben) anspruchsvoll und komplex. Daher sollte der Einsatz Schritt für Schritt aufgebaut werden. Zudem kann die App ihr Potenzial erst entfalten, wenn sie nicht nur punktuell für Übungsaufgaben eingesetzt wird (hierfür kann z. B. auch LearningApps verwendet werden), sondern für komplexere Aufgabenstellungen und über einen längeren Zeitraum herangezogen wird.

Fazit: GoFormative bietet umfangreiche Möglichkeiten, um einen vollständigen digitalen Workflow für den zeitgemäßen Unterricht mit digitalen Medien abzubilden. Besonders hervorzuheben ist dabei die Funktion, bestehende Arbeitsmaterialien um interaktive Elemente zu ergänzen, diese Lernenden zuzuweisen und den Lern- und Übungsprozess mit formativem Feedback zu unterstützen. Insofern Lehrkräfte ihre Schülerinnen und Schüler als Klasse anlegen und sich in die Oberfläche der Anwendung einarbeiten, kann GoFormative gewinnbringend im Präsenz-, Fern- und Hybridunterricht eingesetzt werden.

Feedback innerhalb von Lernplattformen mit Moodle™ und MS Teams

Wie bereits angedeutet, bieten auch „größere" Lernplattformen einige Optionen, um Lernenden Feedback zukommen zu lassen. Der in diesem Buch verwendete Systematisierungsvorschlag für digitale Tools kommt dabei insofern an seine Grenzen, als dass innerhalb von Lernplattformen gleich mehrere Optionen für Feedback verfügbar sind. Gleichwohl zeigt sich, dass „schnelle Rückmeldungen", „automatisierte Kontrolle" oder „persönliches Feedback von Lehrkräften" hier ebenfalls als Kategorien in Erscheinung treten, um zwischen verschiedenen Funktionen zu unterscheiden. Diese Kategorienverschränkung wurde bereits bei GoFormative deutlich, tritt aber bei den folgenden Beispielen noch signifikanter zutage.
Da die Anzahl an Lernplattformen und Apps unübersichtlich ist, sollen exemplarisch zwei Anwendungen vorgestellt und gezeigt werden, wie mit ihnen Feedback-Prozesse gestaltet werden können: Moodle™ und Microsoft® Teams.

Moodle™

Moodle™ wird als kostenfreie Lernplattform an Tausenden Schulen und Hochschulen verwendet. Das System kann von einer einzelnen Institution betrieben werden, kommt aber genauso in verschiedenen Bundesländern als zentrales Angebot zum Einsatz (z. B. als *mebis*-Lernplattform in Bayern oder *LOGINEO* in NRW). In der Lernplattform können Kurse angelegt und mit Arbeitsmaterialien bestückt werden. Darüber hinaus können Lehrkräfte unterschiedliche Lernaktivitäten anlegen. Zudem können bei Moodle™ Zusatzmodule heruntergeladen und installiert werden. Zugriff haben Personen, die über entsprechende Log-in-Daten verfügen, z. B. Schülerinnen und Schüler sowie Lehrkräfte einer Schule. Kurse können jedoch auch so konfiguriert werden, dass Personen außerhalb einer Institution als Gast zugreifen können. Da sich um Moodle™ eine große internationale Community aus Programmierenden gebildet hat, kommen hier immer wieder neue Anwendungen hinzu.

Aktivitäten innerhalb der Lernplattform mebis

- Um Moodle™ innerhalb einer Bildungseinrichtung als Lernplattform zu nutzen, wird eine umfangreiche Administration benötigt, bei der Benutzerkonten angelegt werden. Lernende und Lehrkräfte bekommen dazu individuelle Log-in-Daten.
- Lehrkräfte können Kurse anlegen, Material einstellen, Aufgaben mit diversen Elementen anreichern und diese bearbeiten lassen.
- Zur Auswahl steht eine Vielzahl an Möglichkeiten für Aktivitäten, z. B. Aufgaben, Abstimmungen, die Einrichtung von Foren, interaktive Inhalte mit H5P u. v. m.
- Lehrkräfte können die Aktivitäten der Lernenden verfolgen und Auswertungen zu abgegebenen Aufgaben erhalten.
- Je nach Gestaltung der Aktivität können Aufgaben mit einer automatisierten Form der Kontrolle ausgegeben werden (z. B. bei der Aktivität „Test").
- Innerhalb eines Kurses können externe digitale Tools eingebunden werden.

Einsatzbeispiele für Feedback mit Moodle™: Innerhalb der Lernplattform kann Feedback auf zahlreichen didaktischen Wegen erstellt und eingesetzt werden. Hierbei kann zwischen automatisiertem und persönlichem Feedback differenziert werden. Ersteres kann beispielsweise bei Quiz-Aufgaben eingesetzt werden, die mit einer automatischen Kontrolle versehen werden (vgl. Braungardt o. J.), oder es können Fragebögen angelegt und ausgewertet werden (z. B., um Unterricht zu evaluieren oder ein Feedback zu einem Projekttag einzuholen). Persönliches Feedback kann hingegen bei Aufgaben und Fragen in der Aktivität „Test" als Textrückmeldung oder durch ein bereitgestelltes Audio- bzw. Video-Feedback gegeben werden. Zudem bietet Moodle™ die Möglichkeit, Peer-Feedback anzulegen, z. B. als Peer-Review mit der Aktivität „Gegenseitige Beurteilung". Dabei geben sich Lernende gegenseitig Feedback zu den jeweiligen Aufgaben.

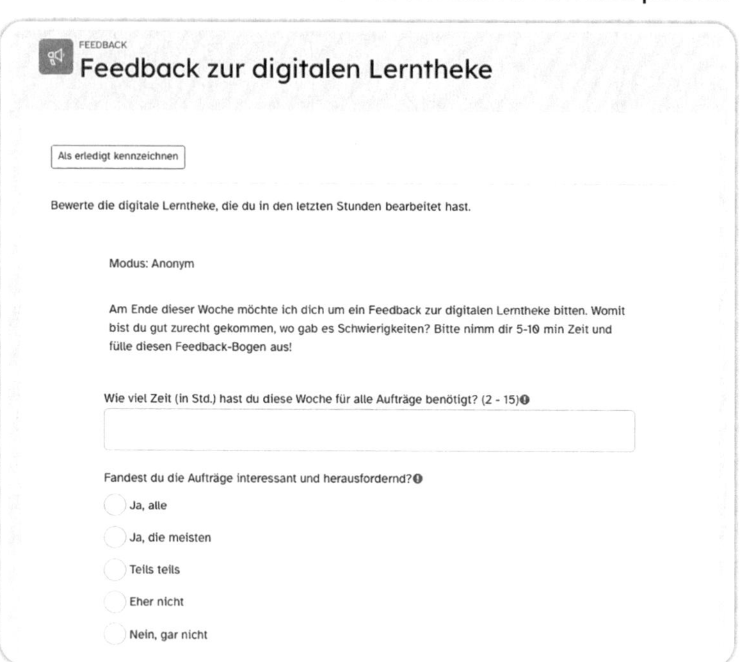

Feedback-Bogen zur digitalen Lerntheke

Vorteile: Die Plattform punktet insbesondere im Bereich des Datenschutzes, was u. a. daran ersichtlich wird, dass einige Bundesländer staatliche Lernplattformen auf der Grundlage von Moodle™ entwickelt haben. Des Weiteren bietet Moodle™ viel, um digitale Lernräume zu erstellen und unterschiedlichste didaktische Szenarien zu realisieren. Bezogen auf das Thema Feedback kann Moodle™ für automatisch kontrollierte Aufgaben, Umfragen, Peer-Feedback und persönliche Rückmeldungen verwendet werden. Die Lernplattform bietet als „Komplettlösung" entsprechend viele Ansatzpunkte, mit denen Unterricht weiterentwickelt werden kann. Zudem ist sie geeignet, um Materialien und Aufgaben für Lernende im Fern- und Hybridunterricht zu arrangieren.

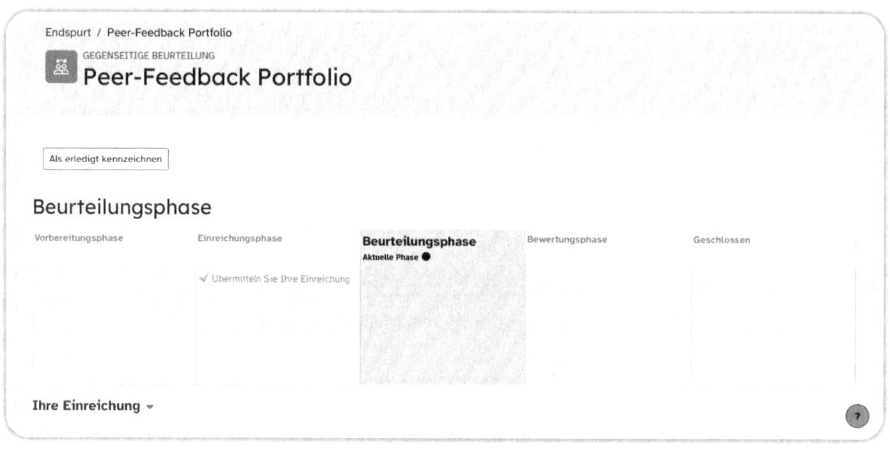

Phasen der Aktivität „Gegenseitige Beurteilung"

Nachteile: Moodle™ bietet zwar zahlreiche Möglichkeiten, um Unterricht auf der Angebotsseite digital weiterzuentwickeln. Um diese auszunutzen, müssen Lehrkräfte jedoch eine längere Einarbeitungszeit einplanen, idealerweise begleitet durch Fortbildungen. Um das volle Potenzial auszuspielen, sollten hier Kooperationen bei der Erstellung von Kursen, Aufgaben und Materialien mitgedacht werden. Im Vergleich zu MS Teams und anderen kommerziellen Angeboten muss auch auf die fehlende Option für Videokonferenzen hingewiesen werden. Ferner gibt es keine zeitgemäßen Formen der digitalen Kollaboration bzw. diese sind nur umständlich oder über externe Tools realisierbar.

Fazit: Mit der Lernplattform Moodle™ kann vielseitig digital gearbeitet werden, wenn Lehrkräfte bereit sind, sich fortzubilden und die entsprechende Einarbeitungszeit investieren. Für das Einholen und Geben von Feedback gibt es allerdings vielseitigere, flexiblere und anwendungsspezifischere Tools. Gleichwohl können diese mit Moodle™ kombiniert und im Rahmen eines Kurses eingebunden werden. Moodle™ als Komplettlösung für zeitgemäßen digitalen Unterricht zu verstehen, dürfte nicht allen Ansprüchen genügen. Als „Basisplattform" hat es dennoch berechtigterweise einen zentralen Platz in der Bildungslandschaft eingenommen und wird dies auch weiterhin tun.

Microsoft® Teams

MS Teams ist Teil des umfangreichen Online-Dienstes Microsoft® 365, zu dem u.a. die Anwendungen Word, PowerPoint, OneDrive und viele weitere cloudbasierte Werkzeuge gehören. Wesensmerkmal dieser Online-Dienste ist die Anbindung an eine zentrale Cloud-Schnittstelle (Azure und OneDrive bzw. SharePoint bei institutioneller Nutzung), über die alle Programme miteinander in Verbindung stehen (Dateien können gespeichert, versendet und kollaborativ bearbeitet werden). MS Teams nimmt dabei die Rolle der Kommunikations- und Kollaborationsplattform ein, die Schulen in den letzten Jahren als Lernplattform entdeckt haben. Ähnlich wie bei Moodle™ können „Teams" (vergleichbar mit Kursen) angelegt und vielseitig strukturiert werden (z.B. mit einem Kommunikationsbereich, einer Dateiablage, Registerkarten, Leistungsübersichten, Notenverwaltung etc.). Hinzu kommt ein umfangreicher Bereich, mit dem Aufgaben gestaltet, zugewiesen, bewertet, korrigiert und mit Feedback versehen werden können.

- Um MS Teams in Schulen nutzen zu können, muss ein sog. Tenant (vergleichbar mit einem institutionellen Microsoft®-Konto) eingerichtet und die Schule als Organisation bei Microsoft® registriert werden. Das kann auch schulübergreifend, etwa von einem Schulträger, eingerichtet werden.
- Lehrkräfte und Lernende erhalten personalisierte Log-in-Daten, mit denen auf das gesamte Microsoft® 365-Angebot zugegriffen werden kann. Je nach Lizenzart können die Anwendungen auch heruntergeladen und installiert werden.
- Innerhalb von MS Teams können alle Mitglieder einer Institution miteinander kommunizieren (per Chat, Video, Anruf) sowie Daten versenden und zusammenarbeiten.
- Lehrkräfte können Teams und Kanäle anlegen, um ihren Unterricht zu organisieren.
- Innerhalb eines Teams kann ein sog. Klassennotizbuch angelegt werden, z.B., um digitale Hefte abzubilden, Materialien auszuteilen oder Aufgaben gemeinsam zu bearbeiten.
- Zusätzlich zu den Teams und dem Chat gibt es noch einen Kalender und einen Aufgabenbereich. Darüber hinaus können zahlreiche Apps von Microsoft® und sogar von externen Anbieterfirmen eingebunden und genutzt werden, ohne MS Teams zu verlassen.
- MS Teams steht als browserbasierte Anwendung, als Desktop-App sowie als App für iOS und Android® zur Verfügung.
- Die Nutzung von Microsoft® 365 ist für Bildungseinrichtungen kostenfrei. Die einzelnen Anwendungen können allerdings nur online ge-

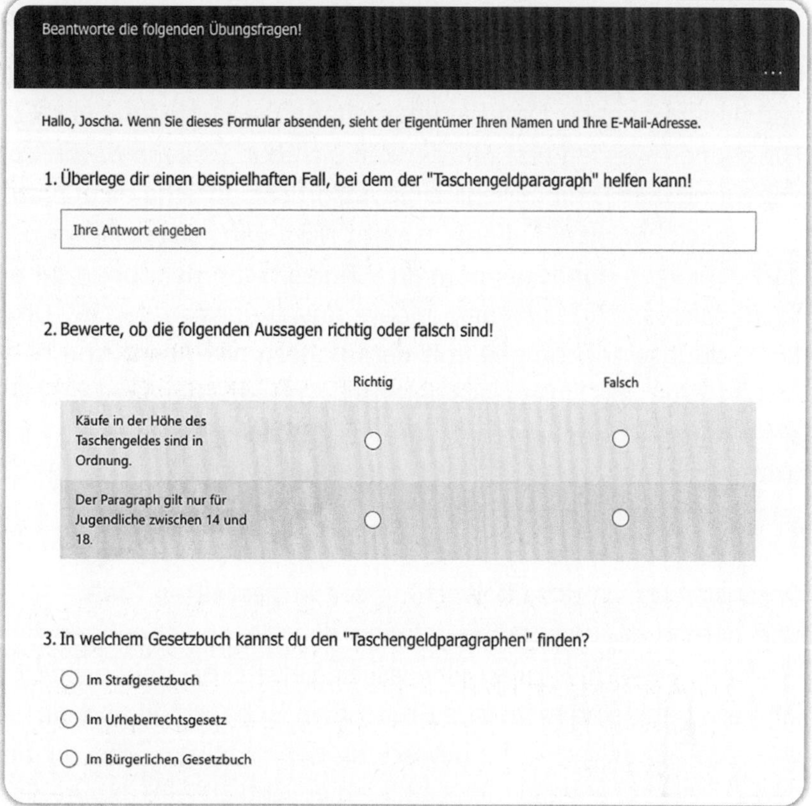

Beantworte die folgenden Übungsfragen!

Hallo, Joscha. Wenn Sie dieses Formular absenden, sieht der Eigentümer Ihren Namen und Ihre E-Mail-Adresse.

1. Überlege dir einen beispielhaften Fall, bei dem der "Taschengeldparagraph" helfen kann!

Ihre Antwort eingeben

2. Bewerte, ob die folgenden Aussagen richtig oder falsch sind!

	Richtig	Falsch
Käufe in der Höhe des Taschengeldes sind in Ordnung.	○	○
Der Paragraph gilt nur für Jugendliche zwischen 14 und 18.	○	○

3. In welchem Gesetzbuch kannst du den "Taschengeldparagraphen" finden?

○ Im Strafgesetzbuch

○ Im Urheberrechtsgesetz

○ Im Bürgerlichen Gesetzbuch

MS Forms-Quiz als Aufgabe bei MS Teams

nutzt werden. Das Herunterladen und Installieren von Word, Teams etc. ist nur bei einer kostenpflichtigen Lizenzierung möglich.

Einsatzbeispiele für Feedback mit MS Teams: Ähnlich wie bei Moodle™ gibt es innerhalb der Plattform von MS Teams diverse Möglichkeiten zur Gestaltung von Feedback. Durch das Umfragetool *Forms* können z. B. Umfragen oder Quiz erstellt und eingebunden werden, um eine Rückmeldung einzuholen oder um Aufgaben automatisiert kontrollieren zu lassen. Durch die Option, kollaborativ an Dokumenten zu arbeiten, die auf dem gemeinsamen SharePoint hinterlegt sind, kann Peer- oder Lehrer-Feedback durch Kommentare in der jeweiligen Datei oder im Rahmen eines Klassennotizbuches gegeben werden. Lehrkräfte können jedoch auch im Aufgaben-Modul Feedback geben, indem sie Bewertungen, Textrückmeldungen oder Audio- und Video-Feedback hinterlassen, für das ein integriertes Aufnahmetool zur Verfügung steht.

Feedback-Möglichkeiten im Aufgabenmodul von MS Teams

Vorteile: MS Teams kann nicht bewertet werden, ohne die Einbindung in die anderen Online-Dienste von Microsoft® zu berücksichtigen. Mit den unzähligen Anwendungen steht ein mächtiges Paket an Programmen bereit, dessen Funktionsumfang weit über das schulisch Notwendige hinausgeht. Gleichwohl bleiben für zeitgemäße digitale Arbeitsweisen keine Wünsche offen. MS Teams bietet als Kommunikations- und Kollaborationsplattform alle Optionen, um einen guten Ausgangspunkt zur Weiterentwicklung von Unterricht darzustellen. Überdies kann Feedback auf unterschiedlichste Weise eingeholt und gegeben werden, weshalb sich MS Teams auch für Formen des Distanz- und Hybridunterrichts eignet.
Nachteile: Ähnlich wie die Lernplattform Moodle™ ist MS Teams in seinem Funktionsumfang komplex und bedarf längerer Einarbeitungszeit, für die Begleitung und Fortbildung organisiert werden muss. Viele Funktionen werden erst mit der Zeit sichtbar. Es kann davon ausgegangen werden, dass Teams und die angebundenen Online-Dienste die Ansprüche an Schulen übersteigen und dadurch womöglich Lehrkräfte verschreckt werden. Außerdem steht MS Teams aus der Perspektive des Datenschutzes in der Kritik und darf in einigen Bundesländern an Schulen nicht mehr oder nur noch eingeschränkt verwendet werden.
Fazit: Microsoft® Teams und andere Anwendungen der 365-Umgebung bieten ein umfangreiches Paket für Bildungseinrichtungen, mit dem nahezu alle Ansprüche des digitalen Arbeitens erfüllt werden können. Insofern ein Einsatz aus datenschutzrechtlicher Sicht möglich ist, sollte die Einführung der Plattform systematisch aufgebaut und durch Fortbildungen begleitet werden. Somit liegt ein wirkungsvolles Instrument vor, um Unterricht und andere digitale Prozesse einer Schule weiterzuentwickeln sowie eine digitale Feedback-Kultur aufzubauen.

Datenschutzrechtliche Bewertung der vorgestellten Tools
Wie bereits deutlich wurde, können digitale Anwendungen nicht nur anhand ihres Funktionsumfangs bewertet werden. Für den schulischen Einsatz, bei dem es auch um den Umgang mit Daten von Minderjährigen geht, sind rechtliche Grundsätze zu beachten und einzuhalten. Gleichwohl kann eine umfangreiche datenschutzrechtliche Bewertung der einzelnen Tools an dieser Stelle nicht geleistet werden. Wie in den skizzierten allgemeinen Leitlinien ersichtlich wird, hängt dies von bestimmten Bedingungen ab (z. B., ob eine Einverständniserklärung von Erziehungsberechtigten vorliegt). Einige der vorgestellten Tools las-

sen sich dabei unbedenklich einsetzen (z. B. ONCOO, Learning Snacks), andere nur unter bestimmten Voraussetzungen (z. B. Miro). Vorsicht ist immer dann geboten, wenn personenbezogene Daten erhoben oder weitergegeben werden. Der Einsatz digitaler Tools sollte daher auf jeden Fall mit der eigenen Schulleitung und im Kollegium abgesprochen werden. Überdies sollte der Einsatz gegenüber Erziehungsberechtigten transparent gemacht und den Lernenden in seiner Zielstellung erklärt werden. Hilfreiche Informationen zur datenschutzrechtlichen Bewertung verschiedener Tools finden sich u. a. auf der Homepage *www.datenschutz-schule.info*. Diese sind jedoch weder bindend noch einer juristischen Auskunft gleichzusetzen. Deshalb bleibt in letzter Konsequenz nur der Kontakt zum bzw. zur jeweiligen Datenschutzbeauftragten an der Schule oder im Schulbezirk.

Fazit
Die gezeigten Tools können für zahlreiche Feedback-Prozesse im Unterricht genutzt werden: Rückmeldungen aus der Gruppe dienen eher Abstimmungen und bieten hilfreiche Ansätze für die Lehrkraft. Automatisierte Feedback-Methoden stellen direkte Rückmeldungen für Schülerinnen und Schüler dar und sind besonders in Übungsphasen nützlich. Umfassender und persönlicher sind das Peer-Feedback und das Lehrer-Feedback. Mit den Tools kann Feedback vielschichtig unter Berücksichtigung der einzelnen Dimensionen gegeben werden. Es kann sich sowohl auf die jeweilige Aufgabe als auch auf den Prozess, die Selbstregulation und das Selbst beziehen und unterschiedliche zeitliche Perspektiven berücksichtigen. Um Peer-, Audio- und Video-Feedback besonders lernwirksam zu gestalten, sollten neben den skizzierten Regeln und didaktischen Hinweisen die fünf Kriterien von Felix Winter beachtet werden. Das Feedback sollte sich bei einer digitalen Umsetzung entsprechend auf das beabsichtigte Lernen richten, schon während des Lernens erfolgen, teilweise Verstandenes in den Fokus nehmen und korrektive Informationen begrenzen (vgl. Winter 2021).

Tools allein machen noch kein lernförderliches Feedback

Trotz aller Potenziale und spezifischer Vorteile der vorgestellten digitalen Tools sollte deren Einsatz von gewissen Überlegungen eingerahmt werden und Teil einer umfangreicheren Feedback-Kultur sein. Es wäre schlicht naiv zu glauben, dass bereits der punktuelle Einsatz einzelner Tools positive Effekte auf das Lernen der Schülerinnen und Schüler hat. Entscheidend ist vielmehr, Feedback als ein regelmäßiges und ritualisiertes Instrument des Unterrichts und der Beziehungsgestaltung einzusetzen. Erst, wenn ein wechselseitiger Dialog über Lernen und Unterricht entsteht, kann Feedback nachhaltig positive Effekte entfalten. Dazu zählt, den Einsatz der jeweiligen Tools mit den Lernenden zu reflektieren und Feedback zum Feedback einzuholen. Die in Kapitel zwei skizzierte Haltung, sich selbst als Lernende und Unterricht ein Stück weit als Experimentierfeld zu begreifen, kann helfen, hierzu einen offenen Dialog zu etablieren. Freilich mag es dabei vorkommen, dass sich bestimmte Tools als umständlich, ungeeignet oder unpassend herausstellen. Im Sinne einer produktiven Fehlerkultur stellt das aber keinen Makel dar, sondern ist logische Konsequenz des Sammelns von Erfahrungen. So kann das Tool auch wieder verworfen und etwas anderes ausprobiert werden.
In der Praxis stehen den Überlegungen „Zwänge" gegenüber und es ist völlig normal, dass eine umfassendere Feedback-Kultur nicht von heute auf morgen etabliert werden kann. Zu den technischen Aspekten bzw. gelegentlich technischen Hürden kommt hinzu, dass ein umfangreiches Pensum an Unterrichtsinhalten zu leisten ist und nicht ständig mit digitalen Tools experimentiert werden kann. Wie bei allen unbekannten didaktischen Pfaden und Ansätzen des digital gestützten Unterrichtens ist der erste Schritt der schwierigste. Aus diesem Grund sollen abschließend einige **Tipps zum Einstieg in die Welt des digitalen Feedbacks** formuliert werden:

- **Starten Sie mit einem oder maximal zwei digitalen Tools!**
  Aufgrund der Unübersichtlichkeit digitaler Angebote kann es leicht passieren, zu viel auf einmal zu wollen. In der Konsequenz haben jedoch weder Sie noch Ihre Schülerinnen und Schüler etwas davon, wenn Sie ohne bzw. mit nur wenig Vorerfahrungen ein Feuerwerk an Tools vorbereiten.
- **Erwarten Sie am Anfang nicht zu viel!**
  Der punktuelle Einsatz digitaler Feedback-Tools wird weder Ihren Unterricht noch das Lernen Ihrer Klasse fundamental verändern. Wenn Sie sich zum Ziel gesetzt haben, eine regelmäßige Rückmelde-Kultur zu etablieren, braucht das Zeit, Geduld und Ausdauer. Feedback lebt von Regelmäßigkeit.
- **Planen Sie ein, dass etwas schiefgehen kann!**
  Im digital gestützten Unterricht stehen didaktische Optionen zur Verfügung, von denen wir noch vor ein paar Jahren nicht gedacht hätten, dass sie in Reichweite liegen. Aufgrund der geringen Vorerfahrung im Umgang mit digitalen Tools sind wir deshalb alle Lernende. Und zum Lernen gehört es, zu experimentieren und Fehler zu machen. Nutzen Sie Ihren Unterricht also als Experimentierfeld, um neue Wege auszuloten, und seien Sie gleichzeitig gelassen, wenn etwas nicht funktioniert.
- **Sprechen Sie mit Ihren Schülerinnen und Schülern über deren und Ihre Erfahrungen im Umgang mit Feedback und den entsprechenden Feedback-Tools (Feedback zum Feedback)!**
  Nutzen Sie die Einschätzung Ihrer Lernenden, um zukünftige Schritte zu planen und Feedback weiter zu verbessern. Machen Sie gegenüber Ihrer Lerngruppe deutlich, warum Sie Feedback einsetzen, und besprechen Sie, unter welchen Bedingungen es den Lernenden nach deren Gefühl etwas bringt. Wie bereits beschrieben, geht es bei Feedback um einen Dialog über Lernen und nicht nur um die Erhebung von Rückmeldungen in eine Richtung.
- **Bauen Sie neue Routinen auf!**
  Behalten Sie Ansätze mit einzelnen Tools bei, wenn Sie positive Erfahrungen gemacht haben. Nach und nach können Sie dann Ihr Repertoire erweitern. Wichtig ist, dass Sie in der Arbeit mit Feedback Routinen aufbauen. Das könnte so aussehen: Zu Beginn und zum Ende jeder neuen Unterrichtssequenz leiten Sie Ihre Schülerinnen und Schüler an, eine Selbsteinschätzung vorzunehmen (z. B. per Online-Fragebogen mit MS Forms oder Mentimeter) und das eigene Lernen kritisch zu reflektieren (z. B. im angeleiteten Peer-Feedback-Gespräch und anschließenden Dialog mit Ihnen). Auf erstellte Lernprodukte (analog oder digital) geben Sie mindestens einmal pro Sequenz ein digitales Lehrer-Feedback (z. B. mit hyFee oder als kurze Video-Rückmeldung per Screencast). Mindestens einmal im Halbjahr erheben Sie eine Rückmeldung zu Ihrem Unterricht und besprechen die Ergebnisse in einem Reflexionsgespräch mit der Klasse.

Alle Tools mit ihren Funktionen in der Übersicht

Die Lehrerin Katharina Sambeth hat auf ihrem Blog eine Übersicht über digitale Feedback-Methoden erstellt, mit der sie aufzeigt, welches Tool wofür verwendet werden kann. In Anlehnung an ihre Idee sollen die zuvor skizzierten Tools noch einmal zusammenfassend dargestellt und ihren Einsatzgebieten nach unterschieden werden (vgl. Sambeth 2022). Einige Tools sind dazu mit einem (x) versehen. Damit ist gemeint, dass das jeweilige Tool auch für dieses Einsatzgebiet verwendet werden könnte, der Schwerpunkt jedoch eher an anderer Stelle liegt.

Zielperspektiven / Feedback-Tools	Schnelle Rückmeldung aus der Lerngruppe	Automatisierte Kontrolle bei Aufgaben	Peer-Feedback zwischen Lernenden	Lehrer-Feedback für Lernende	Schüler-Feedback zum Unterricht
Mentimeter	x	(x)			x
Wooclap	x	x			x
ONCOO	x		(x)		x
Tweedback	x	x			x
Learning Snacks		x			
LearningApps		x			
Socrative	(x)	x			(x)
Padlet/TaskCards	x		x	x	x
Miro	x		x	x	(x)
Kollaborative Dokumente			x	x	x
Audio-Feedback			(x)	x	(x)
Screencasts				x	
GoFormative		x		x	
Moodle™	x	x	x	x	x
MS Teams/MS 365	x	x	x	x	x

Sollten Sie nach weiteren Tools Ausschau halten oder Freude daran gefunden haben, neue didaktische Pfade auszuprobieren, könnten Sie das Online-Angebot von *FindMyTool* (*https://find-my-tool.io/*) nutzen. Die mit Verlinkungen versehene Liste umfasst mittlerweile über 1400 digitale Angebote (Stand Februar 2023) und wird ständig erweitert.

Zusammenfassung

In diesem Kapitel wurden Überlegungen zu digitalem Feedback sowie zahlreiche Tools vorgestellt. Dabei ging es darum, grundsätzliche Vorzüge von digitalen Feedback-Ansätzen gegenüber analogen Methoden herauszuarbeiten. Digitale Tools können insbesondere mit Zeit- und Ortsunabhängigkeit punkten, erweisen sich aber auch in vielerlei Hinsicht als schneller und effizienter. Darüber hinaus wurden technische, rechtliche, pädagogische und didaktische Vorüberlegungen skizziert und ein Systematisierungsvorschlag für digitale Feedback-Tools vorgestellt. Als Schwerpunkt wurden Tools für die schnelle Rückmeldung aus der Gruppe, für automatisierte Formen der Kontrolle, für Peer-Feedback und für Lehrer-Feedback dargestellt. Um diese nachhaltig im Unterricht einzuführen und mit dem Aufbau einer digitalen Feedback-Kultur zu beginnen, wurden Tipps zum Anfangen ergänzt und die Tools in einer Anwendungsübersicht zusammengefasst. Spezielle Tools für die Erhebung von Schüler-Feedback zum Unterricht werden im folgenden Kapitel vorgestellt.

5. Unterrichts-Feedback mit digitalen Tools einholen

Das Kapitel in der Übersicht

- Mentimeter oder Wooclap können als „Ad-hoc-Instrumente“ für Rückmeldungen zum Unterricht herangezogen werden.
- Für eine umfangreichere Evaluation von Unterricht empfiehlt es sich, auf spezielle Angebote zur Erhebung von Schüler-Feedback zurückzugreifen.
- Es werden FeedbackSchule, Edkimo und IQES vorgestellt. Ersteres ist stark wissenschaftlich ausgerichtet, letzteres beeindruckt durch eine umfangreiche Einbettung in Materialien zur Schul- und Unterrichtsentwicklung über das Thema Feedback hinaus. Edkimo bietet viele Vorlagen und Einstellungsmöglichkeiten, ist anschaulich und vielseitig einsetzbar, verzichtet aber auf weitere Themenschwerpunkte.
- Erfolgreiches Schüler-Feedback hängt v. a. von der richtigen Fragestellung ab. Insofern erscheint es ratsam, das große Vorlagen-Angebot dieser Tools zu nutzen.
- Anhand der vorgestellten Beispiele wird deutlich, wo die Stärken des digitalen Feedbacks liegen. Alle Tools bieten Vorlagen, die rasch eingesetzt werden können und eine Auswertung liefern, die von Hand nur sehr umständlich und mit hohem Zeitaufwand erstellt werden könnte.
- Regelmäßiges Schüler-Feedback kann ein Treiber für Schulqualität sein und sollte daher nicht bloß im eigenen Unterricht, sondern idealerweise schulweit verankert werden.

Die Zielsetzung der bislang vorgestellten Tools war es, das Lernen der Schülerinnen und Schüler zu verbessern, indem entweder Unverstandenes sichtbar gemacht werden soll, Lernende zur Selbstreflexion angeregt werden, ihre Aufgaben automatisch kontrolliert werden oder sie Feedback direkt von der Lehrkraft erhalten. Im Folgenden soll die Perspektive gewechselt werden, um deutlich zu machen, wie die beschriebenen und andere Tools eingesetzt werden können, um Schüler-Feedback zum Unterricht einzuholen. Diese Form der formativen Evaluation ist einer der effektstärksten Faktoren zur Verbesserung von Lernen und Unterricht, zumal das Lernen der Schülerinnen und Schüler in besonderer Weise davon profitieren kann, wenn Lehrkräfte sie zu ihrem Unterricht befragen und diesen – davon ausgehend – verändern bzw. weiterentwickeln.

In diesem Zusammenhang machte der Lehrer und Vorsitzende des Instituts für zeitgemäße Prüfungskultur Hendrik Haverkamp bei Twitter® darauf aufmerksam, dass es eigentlich bemerkenswert sei, Lernende nach Ende ihrer Schulzeit nicht systematisch zu befragen, wie sie die Schule erlebt haben, um die entsprechenden Lehren daraus zu ziehen.

Feedback zum Schulzeitende – Tweet von Hendrik Haverkamp vom 31.05.22 (https://twitter.com/hav_hendrik)

Dem soll an dieser Stelle uneingeschränkt zugestimmt werden. Gleichwohl soll angeregt werden, Schüler-Feedback nicht erst zum Schulzeitende, sondern regelmäßig und ebenso ritualisiert einzuholen, um den Dialog über Lernen und Unterricht kontinuierlich zu ermöglichen. Zu diesem Zweck sollen die beschriebenen Tools auf ihr Potenzial für Schüler-Feedback hin überprüft und weitere Tools speziell zum Thema Unterrichts-Feedback vorgestellt werden.

Unterrichts-Feedback mit den bereits vorgestellten Tools

Bei digitalen Tools wie Mentimeter oder Wooclap ist unschwer zu erkennen, dass deren Funktionsumfang ebenso geeignet ist, den Unterrichtserfolg abzufragen. Hierzu können z. B. Umfragen, Blitzlichter, Rankings oder offene Fragen herangezogen werden. Für eine schnelle Rückmeldung zum Lernerfolg reichen i. d. R. wenige Items aus. Ähnlich verhält es sich mit Tweedback oder Bewertungen auf einer Online-Pinnwand. Mehr als „Blitzlicht-Qualität" darf man von diesen Tools jedoch nicht erwarten. Im Unterschied zu Moodle™ oder Umfragen mit MS Forms, bei denen Unterricht oder Schulentwicklungsprozesse bei Bedarf umfangreicher evaluiert werden können, sind die Möglichkeiten dieser Anwendungen beschränkt. Mentimeter ist schlicht nicht dafür gemacht, aussagekräftige Fragebögen abzubilden und diese auszuwerten.

Hinzu kommt, dass Lehrkräfte im Rahmen solcher „Blitzlicht-Einsätze" häufig „problematische" Fragen stellen, deren Aussagekraft stark zu bezweifeln ist (vgl. Wisniewski/Zierer 2017). Insbesondere Tools wie Mentimeter oder Wooclap werden deshalb als „ad-hoc-Instrumente" bezeichnet (ebd.), die keine Fundierung aufweisen können bzw. nur auf subjektiven Erfahrungen und Alltagstheorien basieren. Um Unterricht mit evidenzbasierten Instrumenten zu evaluieren, deren Items auf empirisch messbaren Zusammenhängen basieren, sollen daher im Folgenden drei andere Tools vorgeschlagen werden, die sich insofern von den bisher skizzierten Anwendungen unterscheiden, als dass eine Vielzahl vorgefertigter Fragebögen abgerufen werden kann. Diese sind speziell mit dem Ziel entwickelt worden, Feedback zum Unterricht einzuholen.

Feedback mit speziellen Webdiensten wie FeedbackSchule, Edkimo und IQES online

FeedbackSchule

FeedbackSchule ist ein deutsches, werbefreies und DSGVO-konformes Tool für wissenschaftlich fundierte Diagnoseinstrumente zum Einholen von Feedback im Unterricht, zur kollegialen Hospitation und für Schulumfragen. Umfragevorlagen können übernommen oder im Browser bearbeitet werden, die Teilnahme erfolgt über eine App oder ebenfalls im Browser.

- Lehrkräfte benötigen zur Verwendung bzw. Erstellung von Feedback-Bögen einen Account bei FeedbackSchule. Lernende können Umfragen ohne Anmeldung im Browser oder in der App bearbeiten.
- Die Umfragevorlagen sind in Zusammenarbeit zwischen Prof. Dr. Zierer und Dr. Wisniewski entstanden und unterliegen wissenschaftlichen Kriterien.
- Die Wirksamkeit der Befragungen wurde bei einem Teil der Fragebögen wissenschaftlich überprüft und bestätigt.
- Zusätzlich zu Feedback-Bögen stehen zahlreiche Kompetenzchecks zur Verfügung.
- Alle Befragungen werden vollständig anonym durchgeführt.
- Die Benutzeroberfläche ermöglicht eine grafische Auswertung nach Zielgruppen.
- Die eigene Einschätzung (erwartete Ergebnisse) kann separat eingegeben und mit den Ergebnissen der Lernenden verglichen werden.
- Fragebogenvorlagen können über die Import- und Exportfunktion innerhalb der Schule ausgetauscht werden.
- Die Ergebnisse einzelner Umfragen sind als Excel-Export verfügbar.
- FeedbackSchule kann kostenlos getestet werden. Darüber hinaus gibt es eine Profi-Lizenz für Lehrkräfte und eine Schullizenz. Schulen können eine Probelizenz beantragen.

Einsatzbeispiele für Feedback mit FeedbackSchule: FeedbackSchule eignet sich, um den eigenen Unterricht per Fragebogen zu evaluieren. Durch die grafische Bewertung der Items und die Möglichkeit, Fragebögen in einfacher Sprache einzusetzen, ist das Tool für jede Altersstufe geeignet. Hervorzuheben ist die Darstellung der Feedback-Ergebnisse mit dem „Hattiemeter", die hervorragend zur gemeinsamen Auswertung mit den Lernenden herangezogen werden kann.

Unterrichts-Feedback mit FeedbackSchule (Screenshot)

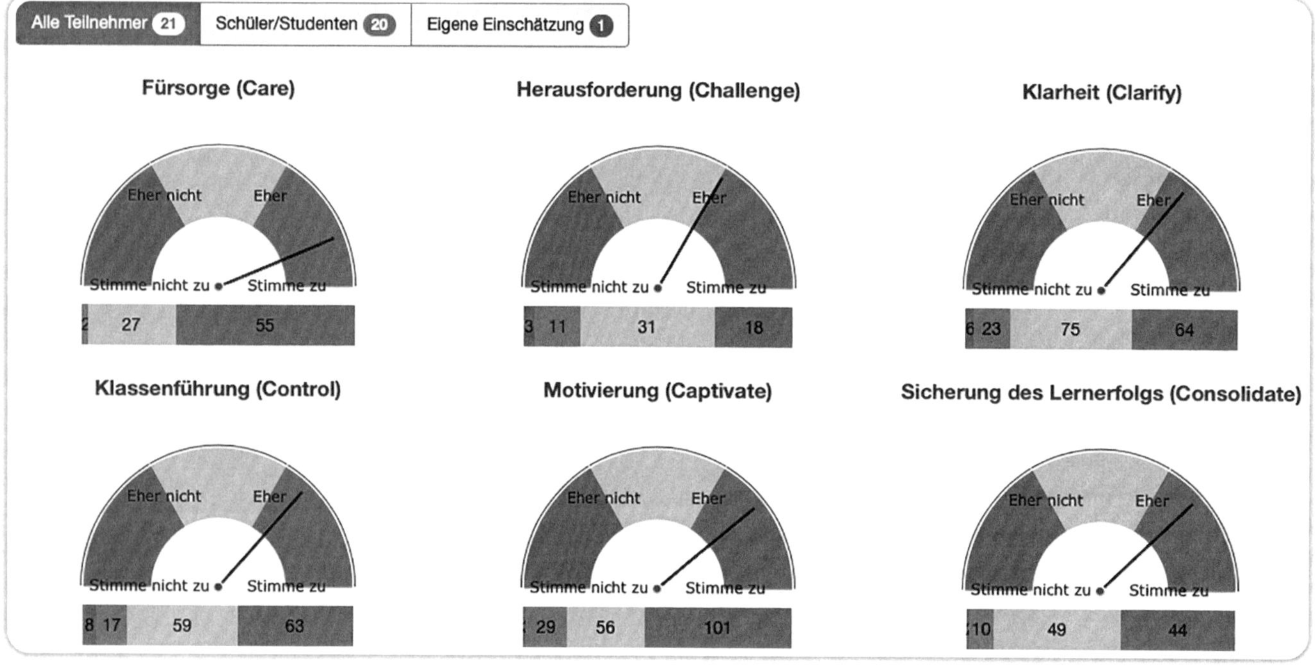

Darstellung mit dem „Hattiemeter" bei FeedbackSchule

Vorteile: Neben der wissenschaftlichen Fundierung der Fragebögen soll positiv hervorgehoben werden, dass alle Fragebögen editiert werden können. Besonders interessant ist überdies, dass die Möglichkeit der Selbsteinschätzung vorhanden ist, um Schüler-Feedback später mit der eigenen Wahrnehmung abzugleichen. Übernommene oder erstellte Fragebögen können niederschwellig per Link oder QR-Code® weitergegeben werden, sodass Lernende per Smartphone oder Tablet teilnehmen können. Die Auswertung kann in Echtzeit eingesehen werden.

Nachteile: Alternative Gestaltungsfunktionen, wie sie Mentimeter für Wortwolken oder Rankings zu bieten hat, sucht man bei FeedbackSchule vergeblich. Das Tool eignet sich daher nicht, um ein schnelles und spontanes Blitzlicht einzuholen. Es kann seine Stärken eher entfalten, wenn genug Planung und zeitlicher Vorlauf vorhanden ist. Darüber hinaus fehlen weitere Eingabeformen für Teilnehmende. Diese sind auf die Auswahl von Smileys oder auf Freitext festgelegt.

Fazit: Trotz geringfügiger Kritik liegt mit FeedbackSchule ein wissenschaftlich fundiertes Tool zur Evaluation von Unterricht vor, welches gegen eine geringe Gebühr zur Etablierung einer Feedback-Kultur an der eigenen Schule eingesetzt werden kann. Neben Schülerbefragungen können kollegiale Hospitationen und Schulumfragen durchgeführt werden. Außerdem stehen Umfragevorlagen für die Evaluation von Veranstaltungen, Rückmeldungen zu Führungsaufgaben und eine Schulumfrage zur Schulqualität zur Auswahl.

Edkimo

Edkimo ist ebenso wie FeedbackSchule ein browserbasiertes Feedback-Instrument aus Deutschland, um Schüler-Feedback zum Unterricht einzuholen. Es kann mithilfe zahlreicher Vorlagen erhoben werden, die Auswertung erfolgt in Echtzeit. Im Unterschied zu FeedbackSchule eignet sich Edkimo auch für kurze Befragungen mit wenigen Items, die sich nur auf eine Unterrichtsstunde beziehen. Edkimo kooperiert u.a. mit der Universität Lüneburg und dem Landesinstitut für Schule in NRW.

- Lehrkräfte benötigen zur Verwendung bzw. zur Erstellung von Feedback-Bögen einen Account bei Edkimo.
- Edkimo kann von Lehrkräften 30 Tage kostenlos getestet werden, anschließend ist die Nutzung in einen Premium- oder Teams-Account umzuwandeln und kostenpflichtig.
- Zur Auswahl stehen diverse vorgefertigte Umfragen mit drei bzw. zehn Fragen zum Unterricht, ein Fünf-Finger-Feedback, Umfragen an die Schulleitung oder die Steuergruppe sowie Bögen zur Evaluation von Wohlbefinden oder dem Lernen zu Hause.
- Es können auch eigene Fragebögen erstellt und als Vorlage gespeichert werden. Dazu gibt es verschiedene Gestaltungsoptionen der Items, u.a. Wortwolken und Smiley-Skalen.

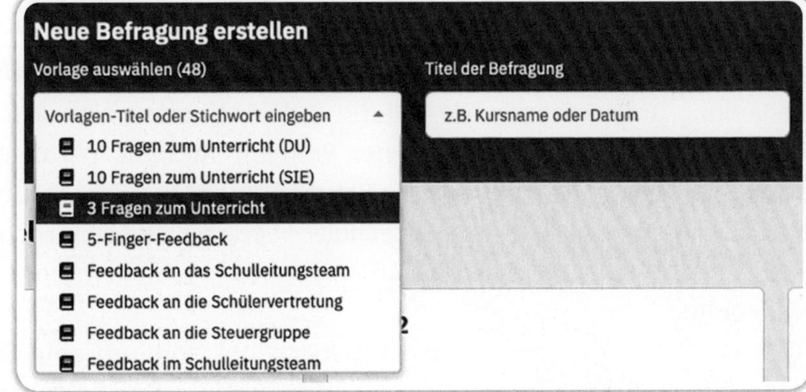

Befragungsvorlagen bei Edkimo

- Die Umfragen sind editierbar und können per Link, QR-Code® oder Code für die App an Lernende ausgegeben werden.
- Schülerinnen und Schüler können die Umfrage per App und/oder im Browser bearbeiten. Das Feedback ist vollständig anonym.
- Die Auswertung erfolgt unverzüglich und kann z.B. als Balken- oder Kreisdiagramm grafisch dargestellt werden.
- Die erhobenen Daten können mit Notizen versehen, gespeichert und in andere Formate exportiert werden.

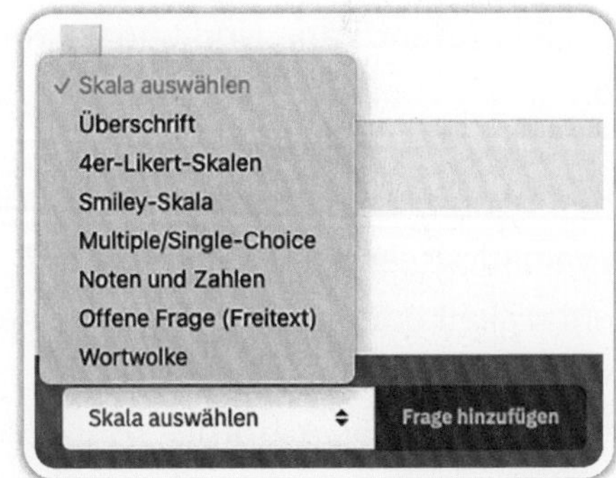

Fragetypen bei Edkimo

Einsatzbeispiele für Feedback mit Edkimo: Die Vorlagen von Edkimo können für ein schnelles Feedback am Ende einer Unterrichtsstunde ebenso herangezogen werden wie für ein ausführliches Feedback zu einer Lernsequenz, zum generellen Wohlbefinden der Lernenden oder zum Klassenklima. Ferner kann das Tool auf vielfältige Weise als Schulentwicklungsinstrument verwendet werden, beispielsweise, um Rückmeldungen zur Arbeit einer Steuergruppe, zur Schulleitung oder von Eltern einzuholen.

Vorteile: Edkimo bietet eine große Anzahl an vorgefertigten Feedback-Bögen. Diese sind passgenau aufbereitet, in der Sprache klar und optisch ansprechend gestaltet. Die Auswahloptionen sind abwechslungsreich und die Darstellungsformen der Auswertung vielseitig sowie leicht verständlich. Die Verwendung und Erstellung eigener Umfragen ist intuitiv, die Übermittlung an Lernende einfach zu bewerkstelligen und die Zusatzfunktionen (Notizen, Export etc.) sind ideal, um eine systematische Feedback-Kultur an der eigenen Schule zu etablieren.

Nachteile: Edkimo lässt bei der Auswahl und Verwendung von Feedback-Instrumenten kaum Wünsche offen. Im Vergleich zu FeedbackSchule ist jedoch nicht ersichtlich, ob einzelne Umfragen auch eine wissenschaftliche Validierung aufweisen können. Auf der Homepage ist lediglich von „bewährten und erprobten Vorlagen" die Rede (vgl. *www.edkimo.de*). Darüber hinaus ist die Nutzung mit höheren Kosten verbunden als bei FeedbackSchule.

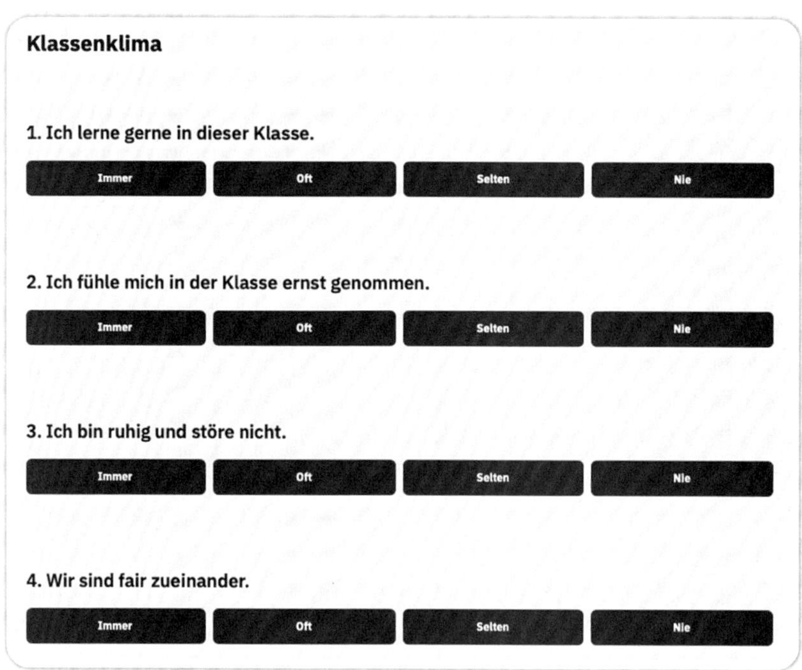

Umfrage zum Klassenklima bei Edkimo

Fazit: Abgesehen von der augenscheinlich fehlenden, wissenschaftlichen Validierung der Umfragen bietet Edkimo ein überzeugendes Gesamtpaket aus Vorlagenvielfalt, einfacher Bedienung, ansprechender Gestaltung und der Nutzung einer intuitiv zu bedienenden App. Insofern Lehrkräfte bereit sind, die Kosten für einen Premium-Account zu tragen oder die Möglichkeit haben, diese über den Schulträger (vielleicht sogar im Rahmen einer Team-Lizenz) übernehmen zu lassen, ist Edkimo ein ideales Instrument zum Erheben von Schüler-Feedback und zur Errichtung einer schulischen Feedback-Kultur.

IQES online

IQES ist streng genommen kein Feedback-Tool, sondern eine Schweizer Webplattform für Schul- und Unterrichtsentwicklung sowie für die Weiterbildung von Lehrkräften und Schulleitungen. Dahinter steht ein Team von Expertinnen und Experten aus mehreren Ländern, die neben ihrer Publikationstätigkeit für IQES beratend tätig sind und Fortbildungen anbieten. Die Website bietet neben umfangreichen Publikationen zu Schulentwicklung und digitalen Medien viele Feedback- und Evaluationsinstrumente, mit denen Feedback webbasiert eingeholt werden kann. Dazu können etwa im IQES-Evaluationscenter eigene Fragebögen entwickelt oder IQES-Vorlagen genutzt werden.

- Auf der Webplattform *www.iqesonline.net* können Lehrkräfte ohne Anmeldung Materialien aufrufen und einsehen, darunter zahlreiche Beiträge zu Feedback und Feedback-Methoden.
- Im sog. Evaluationscenter finden sich Online- und Offline-Instrumente für Feedback und Evaluation, die jedoch erst nach einem Log-in aufgerufen werden können.
- Schulen, Gemeinden und Bildungseinrichtungen können Flatrate-

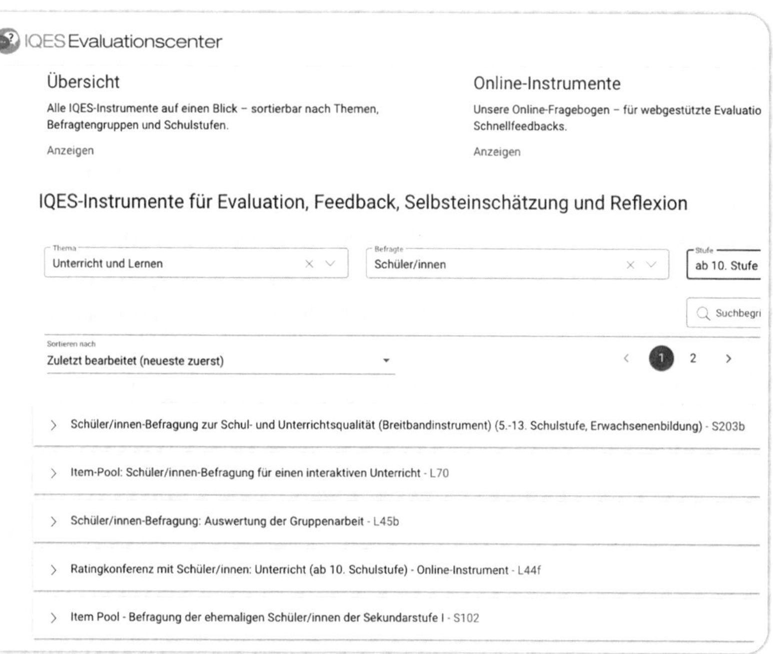

Vorlagen im Evaluationscenter von IQES online

Abos buchen, um die IQES-Instrumente zu nutzen. Dabei kann zwischen dem Evaluationscenter, einer Mediathek und dem Lernkompass ausgewählt und einzeln bestellt werden.
- Im Rahmen eines kostenpflichtigen Abos können Lehrkräfte auf die Feedback-Vorlagen zugreifen und Umfragen starten. Diese können innerhalb eines Schul-Abos mit Kolleginnen und Kollegen geteilt werden.
- Unter den Vorlagen finden sich Feedback-Bögen u. a. für Lernende, Kollegien, Schulleitungen und Eltern. Für die Evaluation von Unterricht liegen z. B. Bögen für die Jahrgangsstufen 3-4 und 5-13 vor.
- Fragebögen können kopiert und online bearbeitet oder direkt online durchgeführt werden.
- Lernende erhalten entweder einen individuellen oder einen allgemeinen Teilnahmelink, der auch als QR-Code® ausgegeben wird.
- Die Auswertung erfolgt sofort und kann online eingesehen, heruntergeladen oder exportiert werden.
- Für die grafische Darstellung können verschiedene Einstellungen vorgenommen werden.

Einsatzbeispiele für Feedback mit IQES: Mit den IQES-Vorlagen kann Feedback u. a. zum Unterricht, zur Elternarbeit, zur Schulmensa oder zur Arbeit der Schulleitung eingeholt werden. Insgesamt liegen über 100 Fragebögen vor, die dank auswählbarer Suchkriterien zügig gefunden werden können. Bei der Erstellung von eigenen Vorlagen kann jede Art von Feedback-Bogen konzipiert werden. Bei der Gestaltung von Items liegen dazu unterschiedliche Fragetypen vor, z. B. die Matrixfrage, die Einfach- oder Mehrfachauswahl sowie offene Fragen.

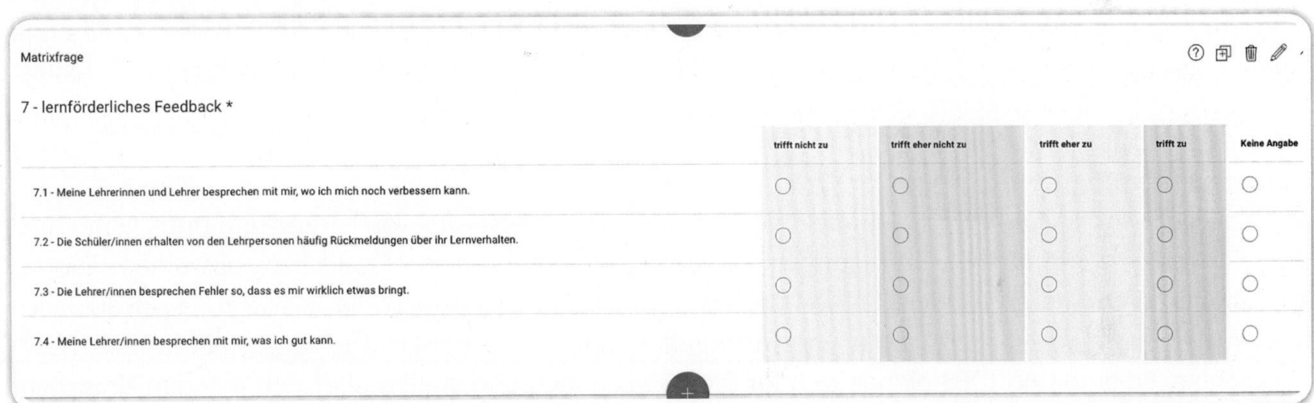
Matrixfrage

7 - lernförderliches Feedback *

	trifft nicht zu	trifft eher nicht zu	trifft eher zu	trifft zu	Keine Angabe
7.1 - Meine Lehrerinnen und Lehrer besprechen mit mir, wo ich mich noch verbessern kann.	○	○	○	○	○
7.2 - Die Schüler/innen erhalten von den Lehrpersonen häufig Rückmeldungen über ihr Lernverhalten.	○	○	○	○	○
7.3 - Die Lehrer/innen besprechen Fehler so, dass es mir wirklich etwas bringt.	○	○	○	○	○
7.4 - Meine Lehrer/innen besprechen mit mir, was ich gut kann.	○	○	○	○	○

Feedback-Bogen zur Unterrichtsqualität bei IQES online

Vorteile: IQES bietet eine beeindruckende Fülle von professionell aufbereiteten Artikeln und Informationsmaterialien zur Schul- und Unterrichtsentwicklung. Ein Blick auf das Expertennetzwerk zeigt, dass hier prominente Namen der Schulpädagogik und Bildungsforschung vertreten sind. Schulen können aus dem Vollen schöpfen und sich im Rahmen der eigenen Schulentwicklung umfangreich weiterbilden. Die zahlreichen Instrumente des Evaluationscenters lassen beim Aufbau einer systematischen Feedback-Kultur kaum Wünsche offen. Die Bedienung ist intuitiv, die Vorlagen können gezielt ausgewählt sowie eingesetzt werden und die Auswertung ist anschaulich in verschiedenen Darstellungsformen einsehbar.
Nachteile: Trotz vieler Vorzüge muss bei IQES angemerkt werden, dass die umfangreiche Materialsammlung sowie die Vorlagen kaum für den spontanen Einsatz geeignet sind. IQES erfordert insgesamt mehr Einarbeitungszeit als ein vergleichsweise einfaches Tool wie Tweedback, das Lehrkräfte nahezu ad hoc einsetzen können. Außerdem ist IQES grafisch weniger „spielerisch“ gestaltet und wirkt im gesamten Webauftritt „wissenschaftlicher“ als die anderen Plattformen.
Fazit: IQES bietet in der Kombination aus Informationsplattform, Mediathek und Evaluationscenter eine eindrucksvolle Komplettlösung zur professionellen Schul- und Unterrichtsentwicklung. Daher kann IQES nur bedingt mit FeedbackSchule und Edkimo verglichen werden, die sich mit ihrem Angebot „nur“ auf das Einholen von Feedback fokussieren. IQES kann für Schulen, die systematisch mit dieser Plattform

arbeiten wollen, zum Dreh- und Angelpunkt der Schulentwicklung werden – Fortbildung und Feedback eingeschlossen. Damit ist IQES mehr als ein Feedback-Tool, beeindruckt aber auch durch umfangreiche und professionelle Feedback- und Evaluationsvorlagen.

Unterscheidungsmerkmale der drei Plattformen

Mit FeedbackSchule, Edkimo und IQES wurden drei Plattformen vorgestellt, mit denen Schüler-Feedback zum Unterricht digital eingeholt werden kann. Während FeedbackSchule gezielt mit wissenschaftlich validierten Fragebögen wirbt, können Nutzende bei Edkimo und IQES auf ein deutlich umfangreicheres Angebot an vorgefertigten Fragebögen zugreifen. Im Vergleich fällt auf, dass FeedbackSchule mit dem „Hattiemeter" eine eingängige Auswertungsform aufzuweisen hat, jedoch weitere Gestaltungsoptionen vermissen lässt. Vielseitiger, anschaulicher und optisch verspielter ist Edkimo, das sich auch für Kurzumfragen oder ein schnelles Fünf-Finger-Feedback eignet. IQES beeindruckt hingegen mit dem größten Materialpool und der Gesamtdarstellung als Fortbildungsplattform für Schul- und Unterrichtsentwicklung, die neben Feedback diverse andere Themen miteinschließt. In der Summe sind alle drei Plattformen geeignete Instrumente, um Unterrichts-Feedback einzuholen. Gleichwohl wird bei allen Angeboten deutlich, worin die Stärke von digitalem Schüler-Feedback liegt. Was mit analogen Vorgehensweisen umständlich war, gelingt digital deutlich einfacher, schneller und effizienter (vgl. Rolff 2022): Lehrkräfte können aus einem Fundus an professionell erstellten Vorlagen wählen, diese webbasiert einsetzen und sie erhalten unverzüglich eine anschauliche Auswertung, die geeignet ist, um mit den Schülerinnen und Schülern in einen Dialog über Lernen und Unterricht einzutreten. Idealerweise wird Unterrichts-Feedback dabei schulweit verankert und so zu einem „Treiber für Schulqualität" (Buhren/Rolff 2021).

Zusammenfassung

Schüler-Feedback ist eine entscheidende Einflussgröße zur Verbesserung von Lernen und Unterricht. Dank digitaler Instrumente können Befragungen mit geringem Zeitaufwand erstellt bzw. aus einem Fundus an Vorlagen entnommen werden. Bei webbasierten Anwendungen erfolgt die Auswertung unverzüglich und wird in unterschiedlichen Darstellungsformen anschaulich präsentiert. Die vorgestellten Tools FeedbackSchule, Edkimo und IQES eignen sich für dieses Vorhaben und stellen über den eigenen Unterricht hinaus wirksame Instrumente zur Etablierung einer systematischen Feedback-Kultur dar. Während FeedbackSchule mit wissenschaftlich validierten Fragebögen wirbt, bieten Edkimo und IQES umfangreichere Vorlagen, letzteres sogar zahlreiche Materialien über das Thema Feedback hinaus.

6. Digitale Feedback-Tools als Perspektive für den (präsenzunabhängigen) Hybrid- und Fernunterricht

Das Kapitel in der Übersicht

- Eine wesentliche Stärke digitaler Feedback-Tools liegt darin, präsenzunabhängig eingesetzt werden zu können.
- Die Zeit der Schulschließungen hat einen Digitalisierungsschub ausgelöst und viele Lehrkräfte mit neuen digitalen Verfahren experimentieren lassen.
- Feedback war in Phasen des Fernunterrichts und/oder in Blended-Learning-Szenarien von großer Bedeutung.
- Digitale Feedback-Tools können ihr Potenzial in präsenzunabhängigen Settings besonders ausspielen, weil auf Freiheit basierende Unterrichtsformen eine formative Feedback-Kultur begünstigen.

Eine weitere Stärke der vorgestellten Feedback-Tools liegt darin, dass sie präsenz*un*abhängig eingesetzt werden können. Sowohl die Erstellung der Übungen/Feedback-Bögen als auch deren Weitergabe per Link oder QR-Code® verlangt es nicht, dass Lehrkräfte und Lernende zur gleichen Zeit im selben Raum sind. Digitale Endgeräte auf beiden Seiten sowie eine Internetverbindung genügen, um den Zugang zu einer Mentimeter-Umfrage oder einem Edkimo-Bogen zu teilen. Damit können digitale Feedback-Tools neben ihren Einsatzmöglichkeiten im Präsenzunterricht auch im Fern- und Hybridunterricht eingesetzt werden.

Nebeneffekte der Schulschließungen

Ohne Frage bleibt zu hoffen, dass Schulschließungen, wie wir sie als Maßnahme zur Eindämmung der Coronapandemie erlebt haben, nicht mehr vorkommen mögen. Dennoch hat diese herausfordernde Zeit trotz all ihrer negativen Folgen bewirkt, dass Lehrkräfte digital experimentieren mussten, um Kontakt und Lernen über die Distanz zu organisieren. Da Schülerinnen und Schüler bei schulischen Aufgaben mehr als sonst auf sich allein gestellt waren, brauchte es dabei eine effektive Rückmelde- und Kommunikationskultur. Digitale Feedback-Tools ermöglichten es, Lernenden angemessene Rückmeldungen zu ihren Lernprozessen, zu Aufgaben und zu Lernerfolgen geben zu können. Freilich waren diese Rückmeldungen von unterschiedlicher Qualität und Tiefe, ebenso wie bei Weitem nicht alle Schulen in der Lage waren, derartige Tools (sofort) zu nutzen – z. B. mangels Lernplattformen oder ausreichend digitalen Endgeräten in der Hand von Schülerinnen und Schülern. Trotzdem war es für viele Kolleginnen und Kollegen das erste Mal, digitales Feedback mit Software zu formulieren, in Dateien etwas anzumerken oder Rückmeldungen aufzunehmen.

Rückblickend wird von dieser Zeit deshalb u. a. hängen bleiben, dass Lehrkräfte und Schulen einen wahren Digitalisierungsschub erfahren haben. Einen Schub in Richtung einer schulischen Zukunft, in der Formen des Unterrichtens, die von Präsenz*un*abhängigkeit gekennzeichnet sind, einen festen Platz einnehmen werden. Formen des sog. *Blended-Learnings* (= Vermengung präsenzbasierter Lernformen mit digitalen Arbeitsweisen) dürften dabei ebenso Teil einer „neuen" Normalität werden wie Hybridformate (= gleichzeitiges Beieinandersein und synchrones Lernen von Personen im Raum *und* solchen, die digital zugeschaltet sind). Beiden Perspektiven gemein ist, dass ein Teil des schulischen Arbeitens und Lernens in den digitalen Raum verlagert wird, also z. B. auf eine Lernplattform, in digitale Hefte oder auf kollaborative Online-Whiteboards. Das Formulieren digitaler Rückmeldungen bzw. digitales Feedback ist dabei essenzieller Bestandteil und bildet neben der digitalen Übermittlung von Inhalten den Kern von Lernprozessen, die im digitalen Raum abgebildet werden.

Potenziale für die Unterrichtsentwicklung

Nun soll es aber nicht einfach nur darum gehen, Rückmeldungen im Sinne summativer Bewertungen digital zu organisieren. Das Festhalten am Modus des Korrigierens, Prüfens und Bewertens hat selbst in den Phasen des Fernunterrichts reihenweise zu massiver Überlastung bei Lehrkräften geführt. Vielmehr geht es darum, didaktische Szenarien des präsenzunabhängigen Unterrichtens und Lernens als Chance zu begreifen, der Kultur des formativen Feedbacks mehr Raum zu geben. Entsprechend schlussfolgert der Lehrer und Blogger Hauke Pölert in einem seiner Beiträge auf dem Blog *unterrichten.digital*: „Dabei bieten gerade Blended-Learning-Szenarien die Chance für kontinuierliches Feedback durch Freiräume, die sich in einem weniger frontal ausgerichteten Unterricht ergeben. Aus dem Problem kann sich eine Chance für die eigene Unterrichtsentwicklung ergeben" (ders. 2021).

Daran anknüpfend kann festgehalten werden, dass digitale Feedback-Tools ihre Stärken am besten ausspielen können, wenn sie für kontinuierliches Feedback in einem von Freiräumen gekennzeichneten Unterricht verwendet werden. Es geht einerseits um die Öffnung des Unterrichts, die von Möglichkeiten des Lernens im digitalen Raum profitieren kann, und andererseits um Formen der effektiven Lernbegleitung durch digitales Feedback, das besonders wirksam eingesetzt werden kann, wenn Lernen befreit von räumlichen, zeitlichen und physischen Grenzen organisiert wird.

Digitale Feedback-Tools können in diesen Szenarien derart eingesetzt werden, wie es in den Kapiteln vier und fünf beschrieben wurde: Als Instrumente für Rückmeldungen, für Übungen mit automatisierter Kontrolle, für Peer-Feedback, für Lehrer-Feedback und für Unterrichts-Feedback durch Lernende. Und so wundert es nicht, dass auch Klee, Wampfler und Krommer in ihren Hinweisen zum Distanzlernen explizit auf die Bedeutung des (Peer-)Feedbacks verweisen. Unter dem Slogan „So viel Peer-Feedback wie möglich, so viel Feedback von Lehrenden wie nötig" (2021, S. 23f.) beschreiben sie, wie wichtig es ist, dass sich Lernende im digitalen Raum insbesondere dann gegenseitig unterstützen, wenn der Unterricht geöffnet wird: „Wenn Schülerinnen und Schüler untereinander konstruktive Rückmeldungen zu ihren Lernprozessen und -produkten verfassen, können Lehrerinnen und Lehrer auch im Bereich des Feedbacks Kontrolle abgeben" (ebd., S. 24).

Dazu standen während der coronabedingten Schulschließungen verschiedene Tools zur Verfügung, deren Einsatzmöglichkeiten Pölert bereits 2020 auf seinem Blog systematisiert hat. Seine Kategorien bilden gleich in mehrerlei Hinsicht die Grundlage der hier angestellten Überlegungen.

Feedback im Hybridunterricht – CC-BY 4.0 Hauke Pölert 2020

Die Grafik unterscheidet sich zur Systematisierung in Kapitel vier nur im Punkt der Selbstreflexion, der in der vorliegenden Veröffentlichung durch Schüler-Feedback ersetzt wurde. Rückblickend erscheint es schlüssig, Selbstevaluation als eigene Feedback-Dimension aufzunehmen, als Lernende während der Zeit der Schulschließungen durch die räumliche Trennung auf sich allein gestellt waren. Vor dem Hintergrund wiedereröffneter Schulen subsumiert sich die Kategorie der Selbstreflexion unter den Bereichen der schnellen Rückmeldung, des Peer-Feedbacks und des Lehrer-Feedbacks.

Damit digitale Feedback-Tools perspektivisch in einem präsenzunabhängigen Unterricht an Bedeutung gewinnen, sollten allerdings zwei Bedingungen erfüllt sein. Zum einen sollten sich Lehrkräfte darauf einlassen, Unterrichtsmaterialien auch digital abzubilden sowie Lernprozesse immer dann in den digitalen Raum zu übertragen, wenn es sinnvoll erscheint. Dies kann mit Hausaufgaben oder einem digitalen Wochenplan begonnen werden, setzt sich in digitalen Präsentationsformen fort und gipfelt möglicherweise in kreativen Lernprodukten, die im Rahmen einer digital organisierten Projektarbeit entstehen. Zum anderen sollten Lehrkräfte in ihrer neuen Rolle als Lernbegleiter Stück für Stück von der unterrichtlichen Regieführung loslassen und Lernprozesse in die Hände der Schülerinnen und Schüler übergeben. Erst mit der Öffnung des Unterrichts wird es möglich, Feedback umfassend, lernförderlich und prozessorientiert einzusetzen.

Unterrichts-Feedback in hybriden Unterrichtsformen

Eichler-Seitz und Frommer (2021, S. 52 ff.) weisen in diesem Kontext auf die Bedeutung des Schüler-Feedbacks hin. Während Lehrkräfte beim Unterrichten in Präsenz zahlreiche Rückmeldungen bekommen, fallen in asynchronen Phasen viele Informationen weg. „Die veränderten Rahmenbedingungen für Unterricht führen dazu, dass die Lehrenden die Unterrichtssituationen und Lernumgebungen immer wieder verändern und anpassen müssen – Lehrende werden hierbei zu Lernenden und benötigen deshalb noch mehr Feedback durch ihre Lernenden als im ‚normalen' Unterrichtsgeschehen" (ebd., S. 61 f.). Feedback-Prozesse sind demnach in hybriden Unterrichtssettings in beide Richtungen essenziell.
Angesichts der immer weiter voranschreitenden Digitalisierung kann davon ausgegangen werden, dass präsenzunabhängige Unterrichtseinheiten auch zukünftig an Bedeutung gewinnen werden, etwa bei längeren Erkrankungen, in Formaten wie dem sog. FreiDay[3] oder bei Schulversuchen wie der 4-Tage-Woche in Sachsen-Anhalt zum Schuljahr 2022/2023[4]. Bevor jedoch damit zu rechnen ist, dass derartige Experimente flächenwirksame Konsequenzen in der Schullandschaft nach sich ziehen, erscheint es ratsamer, Feedback im Kontext der Öffnung des Unterrichts genauer zu betrachten. Wie Feedback hierbei eingesetzt und als „didaktische Haltelinie" platziert werden kann, soll Thema des nächsten Kapitels sein.

Zusammenfassung

Durch die Zeit der Schulschließungen haben Schule und Unterricht einen Digitalisierungsschub erfahren. Das gilt insbesondere für präsenzunabhängige Unterrichtsformen, in denen digitales Feedback eine zentrale Rolle einnimmt. Es zeigt sich, dass v. a. Blended-Learning-Szenarien das Potenzial weitreichender Unterrichtsentwicklung mit sich bringen. Feedback-Tools können ihre Möglichkeiten dabei besonders in einem von Freiheit geprägten Lernsetting entfalten.

[3] vgl. Initiative Schule im Aufbruch gGmbH. URL: https://frei-day.org (zuletzt aufgerufen am 18.09.2022).
[4] vgl. Sachsen-Anhalt: Vier-Tage-Woche in Schulen. ZDF-Heute. URL: https://www.zdf.de/nachrichten/politik/schule-vier-tage-woche-sachsen-anhalt-100.html (zuletzt aufgerufen am 09.09.2022).

7. Feedback als „didaktische Haltelinie“ im offenen Unterricht

Das Kapitel im Überblick

- Feedback kann im offenen Unterricht als Steuerungsinstrument und als „didaktische Haltelinie“ eingesetzt werden, um Lernende konstruktiv zu unterstützen.
- Verschiedene Verfahren stellen dabei eine Art Gerüst dar (Scaffolding), an dem sich Lernende entlanghangeln können bzw. immer wieder gezwungen sind, von außen auf ihren Lernprozess zu blicken.
- Dazu können Selbsteinschätzungsbögen, Zeitpläne, Beratungstermine bei der Lehrkraft, Meilensteine mit Peer-Feedback, Abschlusskontrollen oder rückblickende Reflexionen eingesetzt werden.
- Kompetenzraster sind ferner geeignet, um Lernsequenzen zu planen und erwartete sowie tatsächliche Kompetenzentwicklungen bei Schülerinnen und Schülern sichtbar zu machen.
- Diese Raster können in vielerlei Hinsicht Grundlage von Feedback-Gesprächen bzw. einer konstruktiven Lernbegleitung sein (z. B. durch Lehrkräfte oder als Vorlage für Peer-Feedback).

Bislang ging es schwerpunktmäßig um Methoden, digitale Tools und deren Systematisierung, Begrifflichkeiten und (didaktische) Grundregeln zum Umgang mit Feedback. Allerdings soll auch noch der Bogen zu einem zeitgemäßen Unterricht gespannt werden, in dem Feedback, Dialog über Unterricht und individuelle Lernbegleitung einen festen Platz einnehmen. Hierbei reichen ein paar digitale Tools, die punktuell eingesetzt werden, natürlich nicht aus. Erforderlich sind vielmehr regelmäßige Feedback-Schleifen, individuelle Beratungen und Meta-Gespräche über Lernen und Unterricht. Diese Ausführlichkeit bedarf einer Menge Zeit und Raum und ist im „normalen“ Klassenunterricht mit lehrerzentrierten Unterrichtsformen kaum zu organisieren. Effektiver erscheinen gut vorbereitete, offene und auf Kooperation setzende Unterrichtsformate, die Schülerinnen und Schüler auf individuelle Lernpfade entlassen und gleichzeitig Entlastung seitens der Lehrkraft schaffen. Die frei gewordene Zeit kann für passgenaues Feedback genutzt werden. Dazu soll nachfolgend aufgezeigt werden, welchen Platz Feedback in einem offeneren Unterricht einnehmen kann. Dieser wird dabei als Unterrichtskonzept verstanden, bei dem Lehrkräfte nicht mehr im Zentrum der Unterrichtsplanung stehen. Stattdessen wird mehr auf Eigenverantwortung bei den Lernenden gesetzt. Feedback ist hier elementarer Bestandteil und wirkt zum einen lernförderlich für die Einzelnen und zum anderen stabilisierend, indem es einen Rahmen setzt. Die Form der Strukturierung mit einem Gerüst wird als „Scaffolding“ bezeichnet, womit alle Unterstützungsstrukturen für Lernende gemeint sind, die im offenen Unterricht helfen. Um diese Funktion der „didaktischen Haltelinien“ soll es im folgenden Abschnitt gehen.

Digitales Feedback als Steuerungsinstrument im offenen Unterricht

Feedback zählt im Sinne einer individuellen Lernbegleitung zu den drei Tiefenstrukturen der Unterrichtsqualität. Als sog. konstruktive Unterstützung (vgl. Albers 2022) äußert sich diese in Form methodisch-didaktischer Unterstützung der Schülerinnen und Schüler beim Lernprozess „zum Beispiel durch individuelle Hilfestellung bei der Bearbeitung eines Lerngegenstands oder bei Verständnisschwierigkeiten“ (ebd.). Dies ist besonders bei Lernsettings relevant, die mehrere Bearbeitungswege zulassen. Entsprechend betont Brägger (2022), dass sich die Potenziale formativen Feedbacks v. a. entfalten, „wenn Lehrer:innen

sie als integrierende Bestandteile einer Lernkultur sehen, die auf ergebnisoffenes, verständnisorientiertes und reflexives Lernen in kognitiv aktivierenden Umgebungen setzt“.
Damit offenere Unterrichtsformate jedoch nicht als Ungleichheitsverstärker fungieren, benötigen sie eine umfangreiche und strukturierte Vorbereitung. Lehrkräfte müssen Unterstützungssysteme entwickeln, an denen sich Lernende orientieren können. Dazu gehören klare Arbeitsaufträge, präzise Strukturen, Hilfsangebote, Visualisierungen und eben auch die verschiedenen Formen von Feedback. Anfangs bedeutet das für Lehrkräfte einen enorm hohen Vorbereitungssaufwand. Langfristig zahlt es sich jedoch aus, weil erstellte Vorlagen immer wieder genutzt, in neue Kontexte übertragen und im Kollegium geteilt werden können.
Feedback nimmt im offenen Unterricht dabei mehrere Funktionen ein und wird – geschickt eingesetzt – zu einem Steuerungsinstrument, durch das Schülerinnen und Schüler mit Lernschwierigkeiten nicht abgehängt, sondern gezielt gefördert werden. Passende Rückmeldeformate bilden das Gerüst des offenen Unterrichts (Scaffolding) und legen einen sicherheitsstiftenden Rahmen mit definierten Zeitpunkten fest (didaktische Haltelinien). Mit Zeitplänen, Selbsteinschätzungen, Beratungsterminen, Feedback-Schleifen und Beratungsprotokollen wird die Verantwortlichkeit für den Lernerfolg zudem gestärkt und Lernende trotz Freiheit im offenen Unterricht in eine Art Rechenschaftspflicht versetzt. Damit wird verhindert, dass offene Formate wie z. B. Lerntheken, Wochenpläne, Portfolio-Arbeit oder projektartiges Unterrichten beliebig werden.

Umsetzungsbeispiele für eine konstruktive Lernunterstützung im offenen Unterricht

Nach dem Motto „Wer loslässt, hat die Hände frei“ ermöglichen offene Unterrichtsformen eine umfangreichere Beratungstätigkeit als gebundene Formate. Dieses Beraten äußert sich i. d. R. durch das Herumgehen der Lehrkraft, gelegentliches Loben, Kritisieren, Verbessern oder Korrigieren. Hinsichtlich der Ebenen effektiven Feedbacks innerhalb von drei Zeitdimensionen (s. Kapitel eins) ist das als lernförderliches Feedback natürlich nicht ausreichend. Daher sollen ergänzend einige „Gerüstpfeiler“ vorgestellt werden, die diesen Aspekten gerecht werden.

Selbsteinschätzung

Selbsteinschätzungen helfen, Klarheit über die eigenen Fähigkeiten zu gewinnen, Ziele festzulegen und sich bereits im Vorfeld Gedanken zu machen, woran es möglicherweise scheitern könnte. Insofern Lernenden dies bewusst ist, kann gezielt arrangiert werden, was zum erfolgreichen Lernen benötigt wird. Getroffene Selbsteinschätzungen können zudem zu einem späteren Zeitpunkt der Sequenz (z. B. einer Projektarbeit) zur individuellen Lernbegleitung bzw. -beratung herangezogen werden, ganz im Sinne des „Feed Back“ (Wie gut bin ich vorangekommen?). Hierbei empfiehlt es sich, eine schriftliche Form zu wählen. Geeignet sind Reflexionsbögen, Skalenabfragen, offene Antwortformate, Matrix-Fragen oder schriftliche Antworten mit Satzstartern. Derartige Einschätzungsübungen können am Anfang einer Wochenplanarbeit, zu Beginn einer Portfolio-Arbeit oder nach dem Kick-off in eine Projektarbeit angestellt werden. Sie können den Fokus auf die zu erreichenden Ziele (Aufgabe), auf die Methoden und Arbeitsweisen (Prozess), auf die Fähigkeiten der eigenen Lernorganisation (Selbststeuerung) und auf die Haltung/Einstellung zum eigenen Erfolg (Selbst) richten.
Digitale Möglichkeiten, um Selbsteinschätzungen im Unterricht zu realisieren, sind vorbereitete Übungen mit Mentimeter oder Wooclap (z. B. für Skalen oder Matrix-Fragen), Edkimo oder Moodle™ (z. B. für Einschätzungsbögen) oder schriftliche Antworten per Satzstarter (z. B. mit Padlet oder TaskCards).

Zeitpläne

Zeitpläne können von der Lehrkraft vorgegeben oder Teil der Aufgabenstellung für Schülerinnen und Schüler sein. Sie helfen dabei, die vor einem liegende Arbeit zu strukturieren, sie in Teilprozesse zu zerlegen und zu überlegen, was zur Erreichung von Zwischenzielen nötig ist. Zeitpläne und deren Erstellung können aber genauso Teil der Lernbegleitung und des Feedbacks sein, ganz im Sinne des „Feed Up“ (Wohin gehe ich? Was sind meine Ziele?). Gleichzeitig können sie retrospektiv herangezogen werden, um zu überprüfen, ob Zwischenziele erreicht worden sind („Feed Back“) oder welche Schritte eingeleitet werden müssen, um im Zeitplan zu bleiben („Feed Forward“).
Zeitpläne können in kürzeren oder umfangreicheren Formen Teil offener Unterrichtskonzepte sein. Lernende können z. B. im Rahmen einer Wochenplanarbeit oder bei der Bearbeitung einer Lerntheke aufgefordert werden, ihre Arbeit auf unterschiedliche Zeitabschnitte zu verteilen (etwa auf Wochentage oder zur Verfügung stehende Unterrichtsstunden). Zeitpläne können aber auch für längere Zeitspannen gesetzt werden, um Aufgaben bei einer Projektarbeit zu verteilen und Meilensteine zu definieren. Bei von der Lehrkraft vorgegebenen Zeitplänen können zudem Selbsteinschätzungen, Beratungstermine, Peer-Feedback-Phasen oder ein Termin zur Abschlusskontrolle festgelegt werden, wie es besonders bei der Portfolio- oder Projektarbeit relevant ist.
Digitale Möglichkeiten zur Umsetzung von Zeitplänen findet man beispielsweise bei Padlet und TaskCards, die eine Darstellung einzelner Inhalte als Zeitstrahl ermöglichen. Darüber hinaus eignen sich kollaborative Online-Whiteboards für eine grafische Umsetzung (z. B. Miro) oder kollaborative Dokumente für eine tabellarische Darstellung (z. B. Word).

Beratungstermine bei der Lehrkraft

Beratungstermine bei der Lehrkraft können verpflichtender Teil einer offenen Lerneinheit sein und über den Zeitplan gesetzt werden. Neben der Möglichkeit, spezielle Zeitfenster für einzelne Lernende zu reservieren und individuell für sie da zu sein, haben Beratungstermine noch andere Effekte. Zum einen stellen sie sicher, dass Schülerinnen und Schüler sich nicht vollständig „vergaloppieren“, wenn verbindlich zwischendurch kontrolliert wird, ob zumindest die Richtung stimmt. Zum anderen sind Lernende implizit aufgefordert, zum jeweiligen Termin etwas vorzulegen und sich dafür entsprechend selbst zu disziplinieren. Gelingt dies nicht, sind sie in der Rechenschaftspflicht und können im individuellen Gespräch klären, woran es gelegen hat („Feed Back“) und wie es weitergeht („Feed Forward“). Es ist empfehlenswert, die Ergebnisse des Gesprächs in einem Beratungsprotokoll festzuhalten, den Lernenden bereitzustellen und in einer abschließenden Kontrolle und/oder Bewertung retrospektiv zu überprüfen, ob die Beratungspunkte zu Änderungen geführt haben.
Beratungstermine können in offenen Unterrichtskonzepten deutlich einfacher realisiert werden als in gebundenen Formen, weil alle beschäftigt sind und Lehrkräfte z. B. in einer Ecke des Klassenzimmers einen Bereich reservieren können, um sich für die Beratung zurückzuziehen.
Prinzipiell können Beratungsgespräche auch digital per Videokonferenz durchgeführt werden. Um sich Arbeitsmaterialien zeigen zu lassen, ist das persönliche Gespräch jedoch vorzuziehen. Zur Gestaltung der Beratungsprotokolle kann auf viele digitale Tools zurückgegriffen werden, z. B. für kollaborative Dokumente auf Word und ZUMPad oder auf digitale Pinnwände wie Padlet, TaskCards und Miro.

Meilenstein mit Peer-Feedback

Neben einem oder mehreren Beratungsterminen bei der Lehrkraft kann ein Meilenstein mit Peer-Feedback im Zeitplan definiert werden, bei dem sich Schülerinnen und Schüler ihre Zwischenergebnisse gegenseitig vorstellen und sich wechselseitig Feedback geben. Das Peer-Feedback entfaltet ebenfalls verschiedene Effekte (Disziplinierung, Zwischenziel, Rechenschaftspflicht, Beratungsgrundlage, Selbstreflexion etc.) und stellt damit einen wichtigen Gerüstpfeiler dar. Ferner spricht es Lernende in einer anderen Verantwortlichkeit an, nämlich in der Rolle der Feedback gebenden Person. Dabei vollziehen sie einen Perspektivenwechsel und nehmen die geleistete Arbeit ihrer Mitschülerinnen und Mitschüler i.d.R. sehr kritisch in den Blick. Das schärft das Bewusstsein für die eigene Arbeit, für Kriterien guter Leistungen und für Ideen sowie Anregungen, auf die man selbst vielleicht nicht gekommen wäre.

Auch wenn Peer-Feedback schwieriger anzuleiten ist und etwas Übung benötigt, kommen hierbei meist ertragreiche Ergebnisse heraus, die Lernende sehr ernst nehmen. Hier sollte ebenso ein Beratungsprotokoll angelegt werden, um die Tipps einsehen und später zu weiteren Beratungen und Bewertungen heranziehen zu können. Für den Ablauf haben sich Dreierteams bewährt, in denen ein Schüler bzw. eine Schülerin Feedback gibt, eine Person die eigene Arbeit vorstellt und Feedback erhält sowie jemand Drittes in die Beobachterrolle schlüpft (z.B. auf die Einhaltung von Feedback-Regeln achtet). Rollenkarten sowie eine Checkliste mit Kriterien unterstützen Lernende dabei, das Peer-Feedback-Gespräch zu strukturieren und die Zeit sinnvoll zu nutzen.

Für die Organisation des Peer-Feedbacks können selbstverständlich digitale Tools herangezogen werden. Rollenkarten und Checklisten können z.B. mit digitalen Pinnwänden wie Padlet oder TaskCards realisiert werden, während sich für Beratungsprotokolle kollaborative Dokumente (ZUMPad, MS Word u.Ä.) anbieten.

Abschlusskontrolle

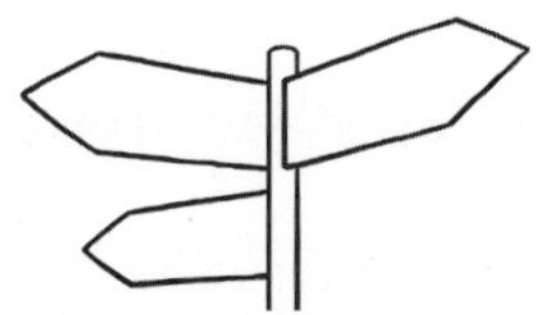

Beratungstermine und Peer-Feedback zielen darauf ab, Lernenden Tipps zur Überarbeitung ihrer Aufgaben und zur besseren Gestaltung des eigenen Lernprozesses zu geben. Indirekter, aber ähnlich intendiert ist die Abschlusskontrolle, bei der Lernende kurz vor Abgabe eines (digitalen) Lernprodukts, einer Portfolio-Arbeit oder eines Projekts ihre Ergebnisse anhand einer finalen Checkliste selbst überprüfen. Es geht also darum, die eigene Arbeit kriteriengeleitet zu reflektieren und „von außen“ auf sich, den Arbeitsprozess und das Ergebnis zu blicken. Lehrkräfte machen ihre Erwartungen dabei transparent, möglicherweise sogar in einer Form, die später die Grundlage der summativen Bewertung wird. Schülerinnen und Schüler werden in der Verantwortlichkeit angesprochen, ihre eigene Arbeit zu optimieren. Ihr Blick für relevante Bewertungskategorien wird ebenso gestärkt wie die Fähigkeit zur realistischen Selbsteinschätzung („Feed Back“).

Für die Bereitstellung der Abschlusskontrolle können ebenfalls digitale Tools genutzt werden, z.B. eine Checkliste zum Abhaken auf einem ZUMPad, digitalen Whiteboard oder als geteiltes Word-Dokument. Insofern die Abschlusskontrolle als Selbsteinschätzungsbogen angelegt ist, können auch Edkimo, IQES, MS Forms, Moodle™ oder FeedbackSchule herangezogen werden.

Rückblickende Reflexion als Ausgangspunkt für den Dialog über die Lerneinheit

Am Ende einer offenen Unterrichtssequenz lohnt es sich, gemeinsam zu reflektieren, wie die Lerneinheit geglückt ist, ob die Materialien zielführend, die Arbeitsaufträge anregend sowie nachvollziehbar und der Lernzuwachs hoch waren. Dazu eignet sich eine digitale Form der rückblickenden Evaluation, z.B. mit einem Feedback-Bogen. Dabei werden die Lernenden aufgefordert, sich selbst und die eigene Leistung in der Retrospektive zu beurteilen und Erkenntnisse/Vorsätze für die nächste (offene) Lerneinheit zu formulieren. Zentral ist die Frage nach der Zufriedenheit mit der eigenen Leistung, wie hoch der Lernzuwachs eingeschätzt wird und worin die Gründe für diese Einschätzung liegen. Gleichzeitig stellen die Ergebnisse der Umfrage ein Feedback zum Unterrichtsarrangement an die Lehrkraft dar.

Das Feedback kann hierbei mit allen Tools eingeholt werden, mit denen Feedback-Bögen generiert werden können, z. B. FeedbackSchule, Edkimo, Moodle™, MS Forms oder IQES. Für kürzere Rückmeldungen eignen sich auch Wooclap und Mentimeter. Die Ergebnisse sollten von der Lehrkraft nicht für sich behalten, sondern mit den Schülerinnen und Schülern gemeinsam ausgewertet werden. Es lohnt sich, bei geschlossenen Items im anschließenden Gespräch nachzufragen, wie genau diese oder jene Einschätzung gemeint war. Lernende werden in diesem Kontext als Expertinnen und Experten für Unterricht und eigens erfahrene Lernprozesse in einer weiteren verantwortungsvollen Rolle angesprochen. In der Regel sind die Rückmeldungen ausgesprochen hilfreich und fördern im Sinne des Johari-Fensters Aspekte zutage, an die man als Lehrkraft selbst nicht gedacht hätte. Für Lehrkräfte kann diese Auswertung einen fruchtbaren Dialog über Unterricht und Lernen sowie eine Entwicklungschance für die eigene Arbeit darstellen. Lehrende und Lernende profitieren wechselseitig und leben die für eine Feedback-Kultur notwendige Haltung der Offenheit.

Lernbegleitung mit Kompetenzrastern

Als Alternative zu punktuellen Selbsteinschätzungen, Checklisten und Formen der Abschlusskontrolle können zur jeweiligen Sequenz passende Kompetenzraster herangezogen werden. Sie eignen sich ebenfalls, um individuelle Lernprozesse in offenen Unterrichtssettings zu fördern und Lernende durch formative Rückmeldungen zu unterstützen. Im Gegensatz zu den aufwendigeren Feedback-Ansätzen im offenen Unterricht (Beratungstermine, Peer-Feedback) können Kompetenzraster auch in gebundenen Formen des Unterrichts als Planungs- und Selbstreflexionsinstrumente eingesetzt werden. Dazu soll im Anschluss aufgezeigt werden, wie individuelle Lernfortschritte mit Kompetenzrastern visualisiert und diese als Beratungsvorlage zur Lernbegleitung herangezogen werden können.

Kompetenzraster sind tabellarische Einschätzungsraster, mit denen Lernende und Lehrende gemeinsam arbeiten. Damit wird der Entwicklungshorizont abgesteckt und in differenzierter Weise beschrieben, welchen Weg Schülerinnen und Schüler vom Erwerb einfacher Grundkenntnisse bis hin zu komplexen Fähigkeiten nehmen können. Kompetenzraster können als zentrale Instrumente zur Steuerung individualisierter Lernprozesse eingesetzt werden. Ihr Ziel ist es, Kompetenzen/Kompetenzstufen sichtbar zu machen, um Lernenden ein Gerüst für das selbstgesteuerte Lernen zu bieten. Im Mittelpunkt der Arbeit stehen die beiden Fragen: Was kann ich schon („Feed Back")? Was sollte ich können („Feed Up")? Werden Kompetenzraster als Grundlage zur konstruktiven Lernunterstützung herangezogen, können Lehrkräfte in ihrer Beratung die Perspektive des „Feed Forwards" ergänzen (Was sind die nächsten Schritte?).

Im zeitgemäßen Unterricht erfüllen Kompetenzraster verschiedene Funktionen:

- Ihre Formulierung regt Lehrkräfte an, genau zu prüfen, welche Kompetenzen durch den eigenen Unterricht erreicht werden.
- Mit ihrer Hilfe können Lehrkräfte nach einer Lerneinheit/-sequenz prüfen, welche Kompetenzen erworben werden konnten.
- Schülerinnen und Schüler können sich mit Kompetenzrastern einen besseren Überblick über Anforderungen verschaffen und eigene Lernprozesse dadurch planen.
- Lernende können eigene Leistungen besser einschätzen.
- Anhand von Kompetenzrastern können sich Lernende untereinander besser Feedback zum Lernprozess geben. Ebenso können Lehrkräfte Lernende besser beraten.
- Sie bieten eine differenzierte Grundlage für Bewertungen, Beurteilungen und Rückmeldungen zum Leistungsstand, beispielsweise in einem Zeugnis oder Lernentwicklungsgespräch.

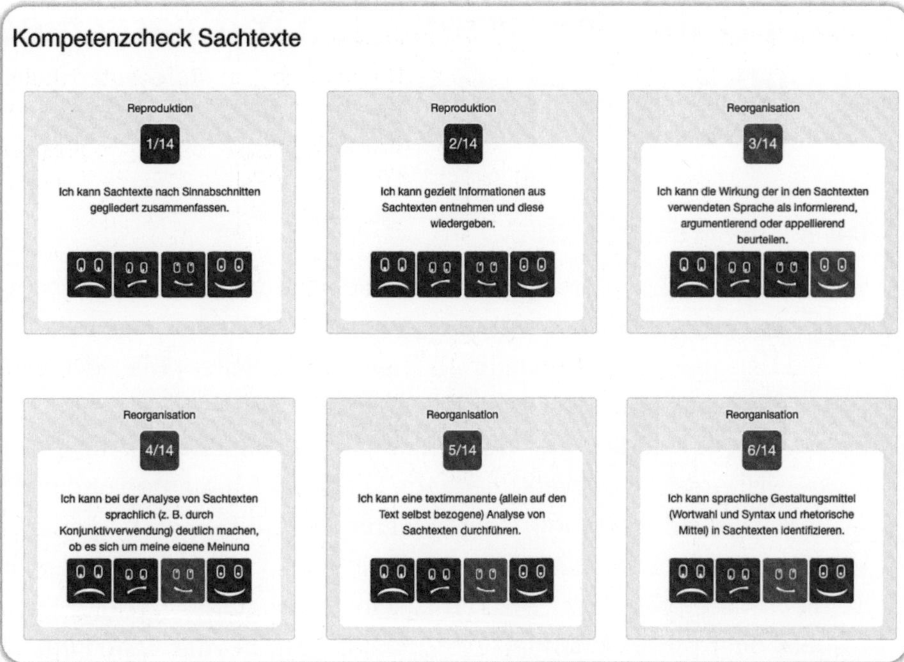

Kompetenzchecks bei FeedbackSchule

Aufbau von Kompetenzrastern

Kompetenzraster können auf verschiedene Arten aufgebaut werden. Üblicherweise enthalten sie eine vertikale Achse mit Fähigkeiten, Schlüsselqualifikationen oder Kompetenzen, die den Lern- und Arbeitsbereich bestimmen („Was?“) sowie eine horizontale Achse mit vier bis sechs Niveaustufen, die die jeweiligen Aspekte ausdifferenzieren („Wie gut?“). In den Feldern des Kompetenzrasters wird mit „Ich-kann“-Formulierungen deutlich gemacht, welche Leistungen Lernende zu erbringen haben und welche Fähigkeiten zu erreichen sind. Diese Formulierungen machen Leistungserwartungen transparent und motivieren die Lernenden, indem Standards konkretisiert und qualitativ beschrieben werden. Kompetenzraster können auch digital erstellt und verfügbar gemacht werden, z. B. mit Online-Pinnwänden (Padlet, TaskCards, Miro) oder mit geteilten Dokumenten (Link zu einem PDF). Insofern Kompetenzraster als oder mit einem Selbsteinschätzungsinstrument entwickelt werden, eignen sich ebenso Moodle™, MS Forms, Edkimo, FeedbackSchule und IQES.

Zusammenfassung

In diesem Kapitel wurden die Funktionen von Feedback im offenen Unterricht sowie didaktische Verfahren dargestellt, die geeignet erscheinen, um Feedback als konstruktive Lernunterstützung zu realisieren. Dazu wurde gezeigt, wie offene Lernsettings durch Feedback ein Gerüst erhalten, an dem sich Schülerinnen und Schüler entlanghangeln können, womit verhindert wird, dass offene Unterrichtsformen sich in Beliebigkeit verlieren und leistungsschwächere Lernende abhängen. Hilfreiche Instrumente sind Selbsteinschätzungen, Zeitpläne, Beratungstermine bei der Lehrkraft, Peer-Feedback, Abschlusskontrollen und rückblickende Reflexionen. Bei all diesen Verfahren wird die Reflexionsfähigkeit von Lernenden gestärkt, sie erhalten Tipps und können den eigenen Lernprozess so immer weiter verbessern. Hinzu kommt, dass Lernende in einer verantwortlichen Rolle angesprochen werden, in der sie den Lernprozess in Eigenregie führen bzw. selbst Bewertende werden, z. B. im Rahmen eines Meilensteins mit Peer-Feedback. Abschließend wurden Kompetenzraster als Verfahren ergänzt, mit denen Lernsequenzen geplant sowie Lernende zur Selbstreflexion und Strukturierung von Einheiten angeleitet werden können. Darüber hinaus sind sie geeignet, um Lehrkräfte bei der Begleitung, Beratung und Bewertung von Lernenden zu unterstützen. Im zeitgemäßen Unterricht stellen Kompetenzraster ein ideales Instrument dar, um Kompetenzentwicklung sichtbar zu machen und Lernende kontinuierlich und strukturiert zu begleiten.

8. Drei Unterrichtsszenarien mit verschiedenen digitalen Feedback-Elementen

Das Kapitel in der Übersicht

- Neben Tools und deren Funktionen werden drei Unterrichtsarrangements mit digitalem Feedback präsentiert.
- Alle Beispiele enthalten mehrere Feedback-Schleifen, wie sie in einer ritualisierten Feedback-Kultur umgesetzt werden könnten.
- Vorgestellt werden die Wochenplanarbeit, digitale Portfolios und Schüler-Präsentationen – jeweils versehen mit verschiedenen Feedback-Momenten und digitalen Tools.
- Entscheidend ist es, mit einigen wenigen Schritten zu beginnen, die Prinzipien hinter den Anwendungen zu verstehen und Stück für Stück in den Unterricht zu integrieren. Es muss also nicht Mentimeter, Miro oder MS Forms sein. Wichtiger ist, gezielte Selbsteinschätzungen, Peer-Feedback oder prozessorientierte Rückmeldungen bei der Erstellung von Lernprodukten im eigenen Unterricht zu implementieren.

Für den konkreten Einsatz im Unterricht sollen anschließend drei Szenarien entfaltet werden, bei denen digitale Feedback-Elemente gewinnbringend eingesetzt werden können. Die vorgestellten Beispiele wollen dabei als Ansätze einer ritualisierten Feedback-Kultur verstanden werden und beinhalten mehr als den punktuellen Einsatz von Feedback.

Selbsteinschätzung, Lernquiz und Audio-Feedback zur (digitalen) Wochenplanarbeit

Die Arbeit mit Wochenplänen ist an Schularten, die nach dem Klassenlehrerprinzip organisiert sind, seit vielen Jahren weit verbreitet. Mit den coronabedingten Schulschließungen wurde dieses Verfahren jedoch auch für Fachlehrkräfte anderer Schularten attraktiv, da es als Organisationsform für selbstgesteuertes Lernen (u. a. hinsichtlich des Lernens zu Hause) einige Vorzüge aufweist. Mit Wochenplänen organisieren Lehrkräfte Aufgaben und Lerninhalte einer Woche nach Wochentagen, Fächern oder Themenschwerpunkten und zielen darauf ab, dass Lernende diesen Plan nach und nach im eigenen Tempo bearbeiten. I. d. R. ist weder die Reihenfolge der Bearbeitung vorgeschrieben noch, wie welche Arbeitspakete auf welche Tage bzw. Zeiteinheiten zu verteilen sind. Lernende werden aufgefordert, die aufgegebenen Arbeiten eigenverantwortlich zu strukturieren. Wochenpläne können überdies Wahl- und Pflichtaufgaben sowie Differenzierung und Individualisierungen enthalten. In Ganztagesklassen ist es üblich, Wochenplanarbeitszeit innerhalb der Stundentafel als Unterrichtszeit einzurichten, während Wochenpläne in Regelklassen häufig als Hausaufgaben-Wochenpläne angelegt sind. Klassenlehrkräfte können Aufgaben verschiedener Fächer dabei so koordinieren, wie es im digitalen Fernunterricht an vielen Stellen durchgeführt wurde. Es spricht aber auch nichts dagegen, Wochenpläne für einzelne Fächer einzurichten.

Geeignete digitale Feedback-Elemente:

- **Lernquiz mit Socrative:** Quiz-Aufgaben, bei denen Lernende eine direkte Rückmeldung zu ihren Antworten erhalten, eignen sich gut, um kleinere Lernstandsüberprüfungen zu generieren. Diese können als zusammenfassende Aufgabe in den Wochenplan integriert werden. Mit Socrative können Lehrkräfte spielerische Quiz-Aufgaben gestalten und mithilfe der Detail-Auswertung genau überprüfen, was wie gut verstanden wurde und zu welchen Themen weitere Unterstützung notwendig ist.

- **Abschlusskontrolle mit einer digitalen Checkliste:** Unabhängig davon, ob der Wochenplan vollständig digital oder in Papierform ausgegeben wird, kann eine digitale Checkliste für die Abschlusskontrolle online hinterlegt werden. Bei der Darstellung mit TaskCards kann diese z. B. als eigene Aufgabenkarte mit den entsprechenden Unterpunkten eingefügt werden. Alternativ wäre es möglich, eine Checkliste als PDF bereitzustellen und über einen Cloud-Link per QR-Code® anzubieten, der von den Lernenden gescannt wird. Steht keine Cloudlösung bereit, kann z. B. mit *www.qrcode-monkey.com* Text direkt in einen QR-Code® umgewandelt werden. Die verfügbare Zeichenanzahl ist hierbei ausreichend, um eine Checkliste abzubilden.
- **Einschätzung der Wochenplanaufgaben mit Edkimo:** Um Lernende zur Selbstreflexion anzuregen und die Fähigkeit der eigenen Leistungseinschätzung zu stärken, bietet es sich an, einen Selbsteinschätzungsbogen mit Edkimo zu konzipieren, mit dem Woche für Woche die eigene Arbeit reflektiert werden kann (z. B. mit dem digitalen Fünf-Finger-Feedback). Lehrkräfte erhalten dabei eine Rückmeldung, wie der Wochenplan umgesetzt werden konnte, womit die Lernenden eher zufrieden bzw. unzufrieden waren und welche Probleme aufgetaucht sind. Das Feedback ist anonym, kann aber dennoch wichtige Impulse liefern und Grundlage weiterer Gespräche sein.
- **Audio-Feedback mit hyFee:** Wochenpläne werden in vielen Fällen eingesammelt und korrigiert wieder zurückgegeben. Um die Korrekturzeit zu reduzieren, haben sich bei einigen Lehrkräften hierzu aber auch Mischformen der Kontrolle bzw. Korrektur bewährt, z. B. mit am Ende der Schulwoche bereitgestellten Lösungen zur Selbstkontrolle (digital oder analog im Klassenzimmer), mit einer gemeinsamen Aufgabenkorrektur in der Schule oder durch Einsammeln in größeren Zeitabständen. Unabhängig vom Korrekturmodus ist es wichtig, Lernenden eine Rückmeldung zu Vollständigkeit, Qualität und Entwicklung zu geben. Besonders effektiv kann dieses Feedback mit Audio-Botschaften übermittelt werden. Diese werden über einen ausgedruckten QR-Code® im Wochenplanheft oder einen Link im digitalen Wochenplan bzw. Chat an Lernende weitergegeben. Mit der App hyFee können Platzhalter-QR-Codes® erstellt werden, die ausgedruckt, eingeklebt, von der Lehrkraft gescannt und besprochen werden. Alternativ können für jeden Schüler bzw. jede Schülerin kurze Audio-Feedbacks aufgenommen und per Link geteilt werden.

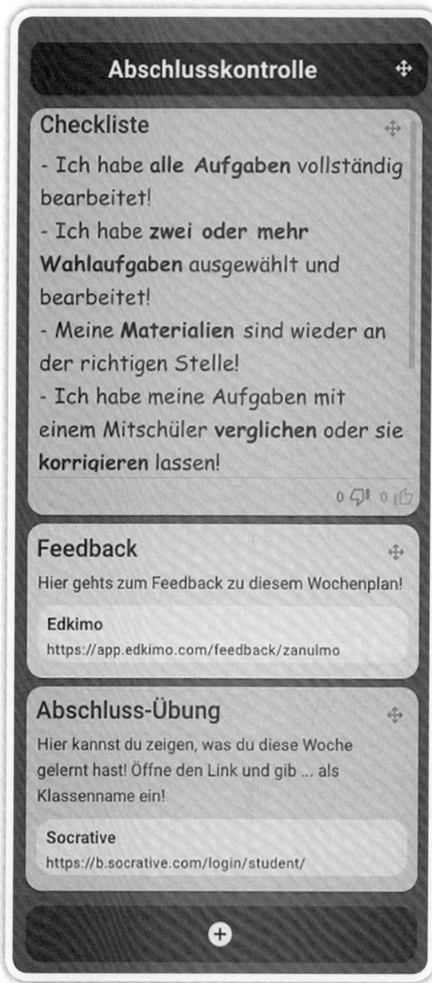

Abschlusskontrolle zum Wochenplan bei TaskCards

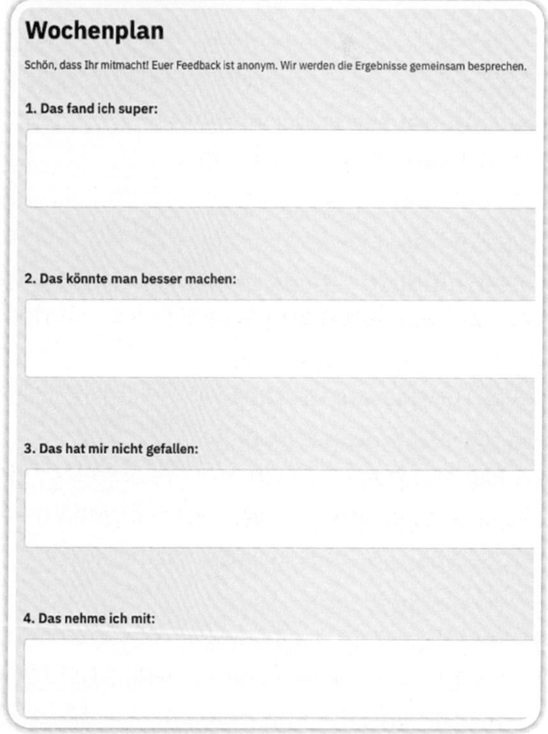

5-Finger-Feedback zum Wochenplan mit Edkimo

Feedback im Rahmen einer digitalen Portfolio-Arbeit mit PowerPoint

Die Arbeit mit Portfolios ist ein Unterrichtskonzept zum Er- bzw. Bearbeiten sowie zum Sammeln von Inhalten. Portfolios sind eine Art Schaufenster, in denen bestimmte Ergebnisse oder der Lernprozess selbst ausgestellt werden. Lehrkräfte können auf Arbeitsaufträge unterschiedlichster Art zurückgreifen und den Zeitraum frei bestimmen. Während sequenzbegleitende Portfolios alle Aufgaben zu einem Unterrichtsthema beinhalten, können Portfolios auch über die ganze Schulzeit angelegt oder z. B. als Berufsorientierungsportfolio themenspezifisch befüllt werden. Durch diese Vielseitigkeit werden Portfolios häufig für alternative Leistungsbewertungen herangezogen.

Das nachfolgende Beispiel geht davon aus, dass die Portfolio-Arbeit sequenzbegleitend zu einer Unterrichtseinheit im Fach Geschichte in der 8. oder 9. Klasse zum Thema Nationalsozialismus angesiedelt ist. Das Portfolio wird in Form einer PowerPoint-Datei digital vorbereitet, ausgegeben und als Lernprodukt in diesem Format auch wieder eingesammelt. Die Lernenden erhalten dabei verschiedene Arbeitsaufträge auf vorbereiteten Folien (Wahl- und Pflichtaufgaben), die zugleich in den Notizen abgebildet sind. Die Ergebnisse der Aufgaben sollen auf den Folien dargestellt und in einem ansprechenden Layout aufbereitet werden. Die Arbeitsaufträge beziehen sich auf das Schulbuch sowie auf weiterführende Texte, Bilder und Filme, die in einem Materialpool zur Verfügung gestellt werden. Darüber hinaus enthalten die Folien kreative Aufgabenstellungen, die ebenfalls im Programm integriert werden können (z. B. Audio- oder Videodateien). Zusätzlich zur Bearbeitung der Aufgaben sollen die Lernenden gewisse Phasen des Feedbacks durchlaufen und nach der Abgabe des Lernprodukts eine Präsentation vor der Klasse halten.

Geeignete digitale Feedback-Elemente:

- **Selbsteinschätzung und Vorsätze mit Mentimeter:** Für den Einstieg in ein sequenzbegleitendes Portfolio sollten ca. ein bis zwei Unterrichtsstunden eingeplant werden. In dieser Zeit erhalten die Lernenden die Materialien, bekommen alles gezeigt, sichten die an sie gestellten Ansprüche und verschaffen sich einen Überblick über das Material. Anschließend können Fragen gestellt werden. Damit niemand abgehängt wird und alle in die Arbeitsphase eintreten können, ist es besonders wichtig, hier genug Zeit zu veranschlagen. Sobald alle Aspekte ausführlich besprochen sind, werden die Lernenden aufgefordert, zwei Selbsteinschätzungen per Mentimeter abzugeben. Auf der ersten Folie werden Aussagen zur Bewertung angeboten (Skalenabfrage). Darunter finden sich z. B. Aussagen wie „Ich habe verstanden, was bei der digitalen Portfolio-Arbeit auf mich zukommt", „Ich bin motiviert, die Arbeit an meinem digitalen Portfolio zum Thema Nationalsozialismus zu beginnen" oder „Ich denke, dass ich mit dieser Art des Unterrichts gut lernen kann". Nach der Abstimmung sollen einzelne Lernende ihr Abstimmungsverhalten begründen. Entscheidend ist dabei herauszufinden, was evtl.

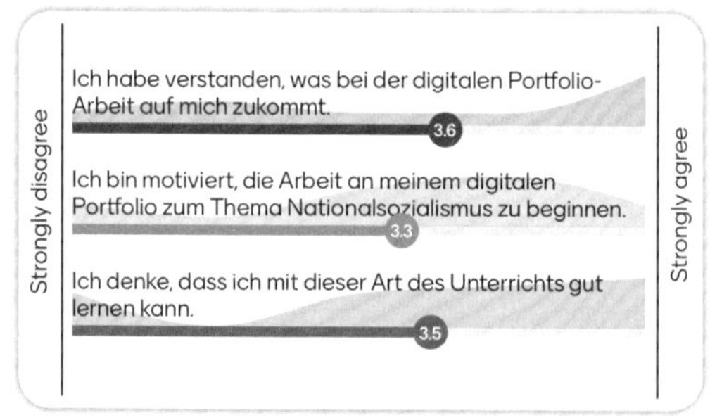

Selbsteinschätzung mit Mentimeter

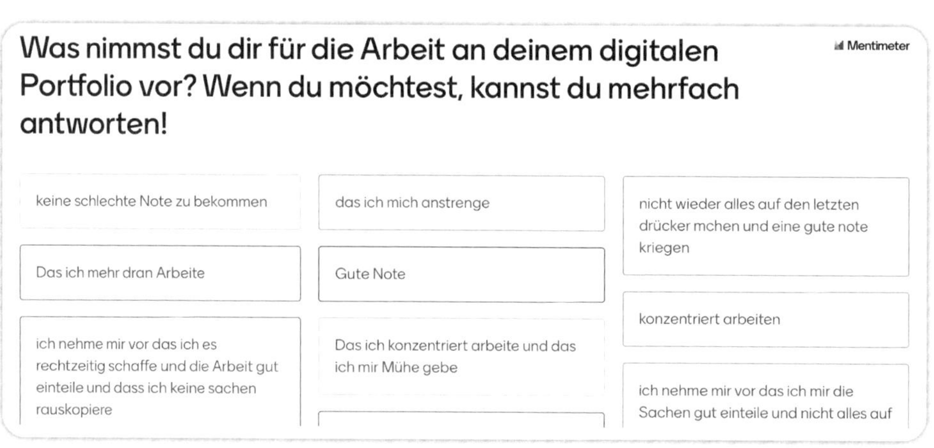

Offene Frage mit Mentimeter

noch an Informationen gebraucht wird, um gut in die Arbeitsphase starten zu können. Auf der zweiten Folie werden die Lernenden mit einer offenen Frage konfrontiert. Dort sollen sie in kurzen Antworten formulieren, was sie sich für die Portfolio-Arbeit vornehmen. Die Ergebnisse werden gemeinsam durchgesehen und den Lernenden wird angeboten, zu den Statements noch etwas zu ergänzen. Gleichzeitig wird angekündigt, dass die Einschätzungen zu einem späteren Zeitpunkt noch einmal herangezogen werden, u.a., um zu überprüfen, wie die Einhaltung der Vorsätze gelungen ist.

- **Beratungsgespräch und Peer-Feedback mit einem digitalen Protokoll:** Nach ca. vier bis sechs Unterrichtsstunden, in denen die Lernenden Gelegenheit hatten, an ihrem Portfolio weiterzuarbeiten, wird mit den ersten Feedback-Schleifen begonnen. Hierzu sind zwei Elemente verbindlich nachzuweisen. Zum einen müssen die Lernenden einen Beratungstermin bei der Lehrkraft wahrnehmen, ihr Material (Zwischenstand) vorstellen und sich ein Feedback geben lassen. Zum anderen wird eine Einheit mit Peer-Feedback im Klassenverband organisiert, bei der sich Lernende in Dreiergruppen zusammenschließen und ihre Materialien gegenseitig vorstellen. Dafür liegen Checklisten und Rollenkarten bereit. Die Ergebnisse beider Feedback-Formen werden in einem digitalen Protokoll direkt im Portfolio festgehalten. Dazu sind entsprechende Feedback-Folien bei PowerPoint angelegt, die von den Lernenden nach den Gesprächen mit Tipps, Anregungen und sonstigen Rückmeldungen befüllt werden können.

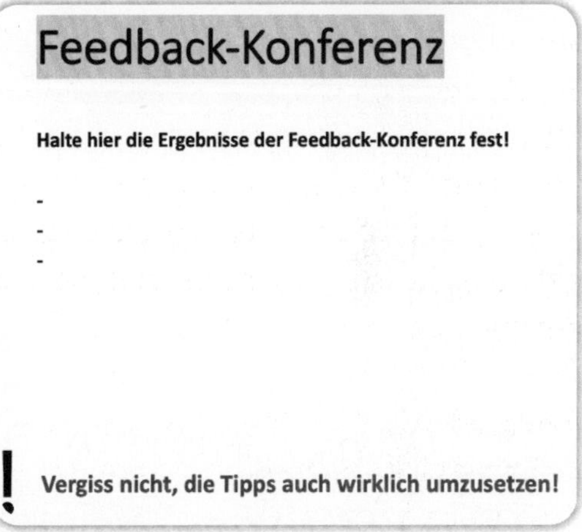

Protokoll-Folie zum Eintragen der Peer-Feedback-Hinweise

- **Abschlusslernbericht mit einer digitalen Pinnwand:** In der letzten Woche vor der Abgabe der Portfolios wird eine weitere Feedback-Schleife angeboten. Um die Schülerinnen und Schüler bei der Selbstreflexion und Einschätzung ihrer eigenen Leistung zu unterstützen, wird eine Checkliste ausgegeben, mit der das eigene Portfolio kritisch überprüft werden kann. Die Kriterien werden vorab besprochen und sind an den späteren Korrekturbogen angelehnt, mit dem die Lehrkraft die Portfolios bewertet. Für die Checkliste wird nicht einfach ein Arbeitsblatt ausgegeben, sondern eine digitale Pinnwand angelegt, die in unterschiedlichen Spalten (Kategorien wie z.B. Vollständigkeit, Darstellung/Layout oder inhaltliche Qualität) verschiedene Kriterien zusammenfasst. In einer weiteren Spalte können Lernende Fragen eintragen, die während der Selbstüberprüfung aufkommen. Bei der Einrichtung der Pinnwand über TaskCards kann über die Vergabemöglichkeit von Berechtigungen eingestellt werden, dass die Spalten zu den Kategorien nur „gelesen" und diejenigen mit Fragen „beschrieben" werden dürfen. In der anschließenden Gesprächsrunde erläutert die Lehrkraft noch einmal, worauf es ankommt, wie die spätere Punkteverteilung zwischen den Kategorien gewichtet sein wird und sie beantwortet die Fragen auf der Pinnwand im Gespräch.

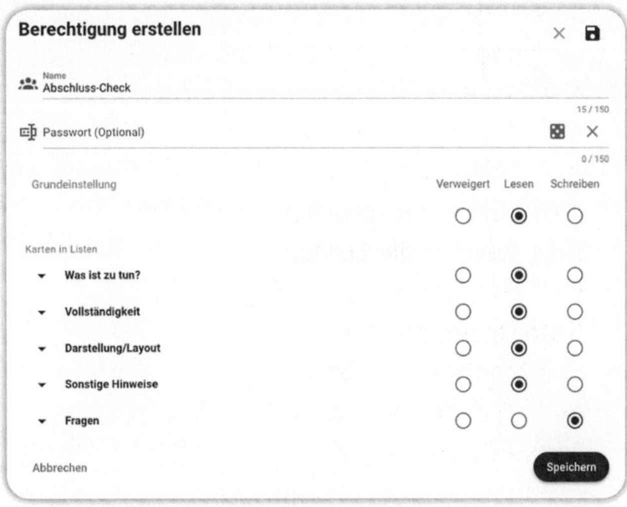

Berechtigungen einstellen mit TaskCards

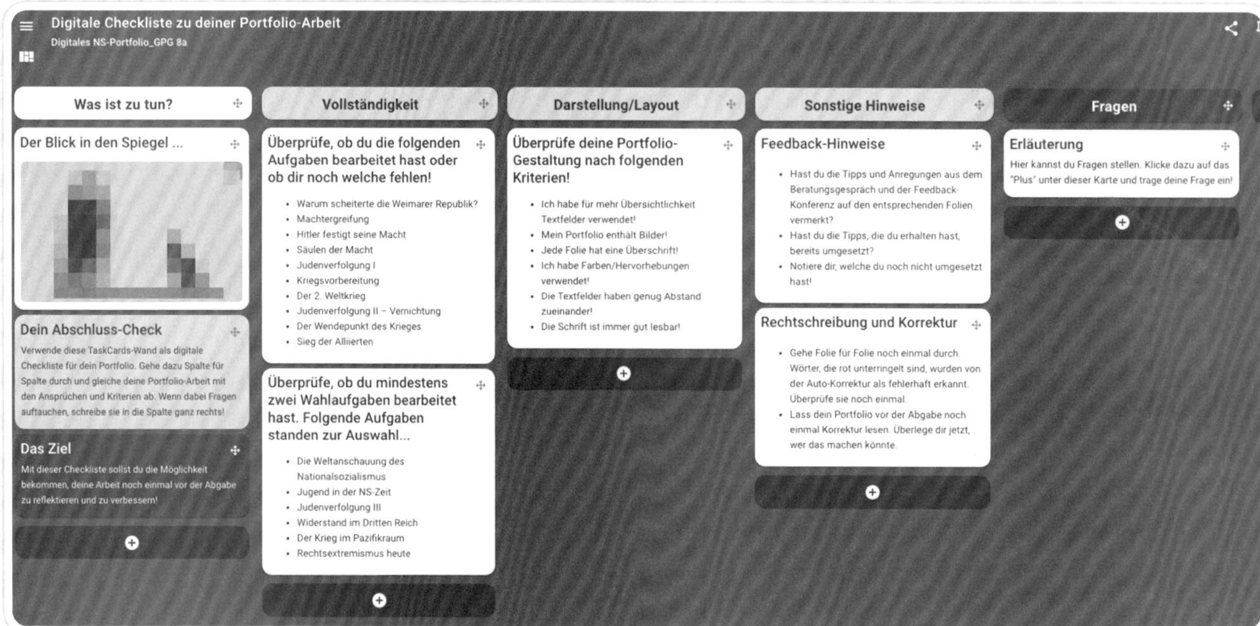

Digitale Checkliste zur Portfolio-Arbeit mit TaskCards

- **Rückmeldung mit einem Screencast:** Zu guter Letzt werden die digitalen Portfolios abgegeben (per Lernplattform, Chat, als Upload über eine Cloud etc.) und von der Lehrkraft korrigiert bzw. bewertet. Um den Lernenden jedoch nicht nur ihre finale Punktzahl oder Note mitzuteilen, empfiehlt sich eine Feedback-Form, mit der sie die Gründe für die Bewertung erläutert bekommen. Die Lehrkraft erstellt dazu einen kurzen Screencast pro Person. Mit dieser Methode kann besonders bei digitalen Lernprodukten gleichzeitig kommentiert und in der Schülerarbeit gezeigt werden, wie sie zu ihrer Einschätzung kam. Mit der Software Loom wird dazu eine Bildschirmaufnahme erzeugt, bei der die Lehrkraft die PowerPoint-Datei Folie für Folie durchgeht, positive Aspekte des Portfolios hervorhebt und ggf. die Schwachstellen aufzeigt, die zu Punktabzug geführt haben. Dabei ist darauf zu achten, dass das Video nicht zu lang wird (max. zwei bis drei Minuten). Der Screencast wird anschließend heruntergeladen, auf der Schulcloud gesichert und den Lernenden zu einem geeigneten Zeitpunkt per Link übermittelt.

Feedback-Schleifen bei Schüler-Präsentationen

Präsentationen sind fester Bestandteil des zeitgemäßen Unterrichts. Je nach Anforderungen kann damit ein Buchreferat, die Vorstellung der Ergebnisse einer Gruppenarbeit, die Darstellung eines Lernprodukts oder ein Vortrag zu einem selbst gewählten Thema gemeint sein. Streng genommen ist die Präsentation dabei nur das Mittel, mit dem der Vortrag unterstützt wird (z. B. Folien bei PowerPoint). Im schulischen Kontext werden die Begriffe jedoch nahezu synonym verwendet. Hinsichtlich digitaler Feedback-Elemente ist es wichtig, den Vorbereitungsprozess der Lernenden in den Blick zu nehmen und digitale Tools dafür einzusetzen, sie bei ihrer Arbeit zu unterstützen. Ferner können diese eingesetzt werden, um ein Peer-Feedback zur Optimierung der Materialien sowie eine Rückmeldung zum Halten des Vortrags/Referats zu organisieren.

Im folgenden Beispiel soll davon ausgegangen werden, dass Lernende ein Referat über ihr einwöchiges Berufspraktikum halten sollen. Zuvor wurden Teilaufgaben vergeben, deren Ergebnisse in die Präsentation integriert werden müssen (u. a. Vorstellung des Betriebes, Interview mit einem Mitarbeiter, Skizze des Berufsbildes). Zur Ausarbeitung der Präsentation wurden darüber hinaus verschiedene Software-Optionen angeboten (PowerPoint, TaskCards oder Miro). Bei TaskCards und Miro hat die Lehrkraft jeweils digitale

Pinnwände eingerichtet und den Lernenden per Link bereitgestellt. Im Rahmen der Vorbereitung waren zwei Feedback-Schleifen vorgesehen.

Geeignete Feedback-Elemente:

Kommentar bei Miro

- **Prozessorientiertes Feedback zu Gliederungen und Skizzen mit geteilten Dokumenten:** Die Software-Optionen ermöglichen es, Arbeitsschritte und Zwischenergebnisse sichtbar und für die Lehrkraft einsehbar zu machen. Bei PowerPoint gelingt das z. B., wenn die Datei in einer Cloud wie OneDrive oder Sharepoint abgelegt wird und die Lehrkraft für den Direktzugriff einen Link erhält. Wird eine PowerPoint-Datei in Rohform (z.B. über den Aufgabenbereich von MS Teams) ausgegeben, können Lehrkräfte auch ohne Link und Einladung darauf zugreifen. Die Funktion des kollaborativen Bearbeitens ist bereits mitangelegt. Bei TaskCards und Miro verhält es sich ähnlich. Die Lehrkraft legt je eine Rohform der digitalen Pinnwände an und übermittelt den Lernenden, die mit dieser Software arbeiten möchten, den entsprechenden Link bzw. QR-Code®. Anschließend kann die Lehrkraft die Fortschritte im Entstehungsprozess einsehen. Bei allen Software-Varianten kann während des Prozesses Feedback gegeben werden, etwa auf Gliederungen, Skizzen, Bilder, Textabschnitte oder die Gestaltung einzelner Folien. Dazu hinterlassen Lehrkräfte Kommentare, Anmerkungen und Verbesserungsvorschläge direkt in der Datei bzw. auf dem Board. Die Lernenden können ihre Präsentation so nach und nach optimieren.
- **Peer-Feedback zu den Materialien der Präsentation per Audio-Botschaft:** Zusätzlich zum Lehrer-Feedback kann eine Schleife mit Peer-Feedback eingeplant werden, bei der die Lernenden ihre Materialien vorstellen, von der Klasse Rückmeldungen erhalten bzw. selbst in die Rolle des oder der Feedback-Gebenden schlüpfen. Dazu entscheiden sie sich für einen Feedback-Partner, dem das eigene Material digital zur Verfügung gestellt wird. Damit es dabei keine Komplikationen gibt, wird die Übermittlung des Links in der Schule besprochen und die Rechte der jeweiligen Software werden so eingestellt, dass die Feedback gebende Person zwar lesen, die Datei aber nicht bearbeiten darf. Sie hat die Aufgabe, das Material nach einer vorgegebenen Checkliste zu sichten und Anmerkungen sowie Auffälligkeiten festzuhalten. Diese Punkte sollen im Anschluss per Audio-Botschaft aufgenommen (max. zwei bis drei Minuten) und über die Lernplattform zurückgeschickt werden. Für die Aufnahme eignet sich z. B. hyFee Cloud, insofern diese App auf den Geräten der Lernenden installiert ist. Alternativ können Sprachnachrichten per MS Teams oder mit dem Mikrofon auf dem eigenen Smartphone aufgenommen werden. Da nicht alle Lernenden gerne Audioaufnahmen erstellen, kann das Feedback ebenso gut als Textnachricht versandt werden. Experimentierfreudigen Lernenden kann angeboten werden, das Peer-Feedback als Videointerview aufzunehmen und abzugeben. Bei allen Formen ist es empfehlenswert, das Peer-Feedback der Lernenden einzusammeln, um so die Verbindlichkeit zu erhöhen. Ähnlich wie bei Beratungsprotokollen kann zu einem späteren Zeitpunkt darauf zurückgegriffen bzw. nachvollzogen werden, ob die Lernenden Änderungsvorschläge berücksichtigt haben.
- **Feedback zur Präsentation mit MS Forms:** Wird die Präsentation schließlich vor der Klasse gehalten, kann MS Forms eingesetzt werden, um ein Live-Feedback als direkte Rückmeldung aus den Reihen der eigenen Lerngruppe zu organisieren. Dazu bereitet die Lehrkraft eine Umfrage im Tool vor, die am Anfang einer Präsentation per Link oder QR-Code® zur Verfügung gestellt wird. Mit dieser Umfrage soll das Publikum während des Zuhörens und in einer kurzen Nachbereitungszeit ankreuzen bzw. eintragen, welche Inhalte vollständig waren, welche Präsentationsteile besonders gelungen und wo ihnen Verbesserungsvorschläge eingefallen sind. Das Feedback wird mit Forms erfasst, kann dem oder der

Präsentierenden als Auswertungslink übermittelt sowie unter vier Augen bzw. in der Gruppe nachbesprochen werden.

POWER POINT PRÄSENTATION: Sind folgende Kriterien erfüllt:

- ☐ gut lesbar/groß genug geschrieben/Folie genutzt
- ☐ korrekte Rechtschreibung
- ☐ Stichpunkte gleichmäßig eingerückt
- ☐ nur Stichpunkte, keine Sätze aufgeführt
- ☐ höchstens fünf Stichpunkte pro Folie
- ☐ gleicher Wechsel von einer zur anderen Folie
- ☐ dunkle Schrift auf hellem Grund
- ☐ Schrift und Bild ausgewogen verteilt
- ☐ Bild/Grafik passend zum Inhalt
- ☐ gleiches Design der Folien benutzt
- ☐ gut strukturiert: Überschriften: größer/farbig/unterstrichen/fett

Kriterien zur PowerPoint-Präsentation in der MS Forms-Umfrage – CC-BY 4.0 Claudia Hirner

Zusammenfassung

In diesem Kapitel wurde anhand von drei Beispielen gezeigt, mit welchen digitalen Tools Feedback-Prozesse angeleitet bzw. organisiert werden können. Dabei wurde bewusst auf tiefergehende Fachschwerpunkte verzichtet und auf Lernarrangements sowie digitale Lernprodukte ausgewichen (Wochenplan, Portfolio, Präsentationen), um die Beispiele auf verschiedenste Fachbereiche und Altersstufen übertragen zu können. Die einzelnen Punkte beinhalteten u. a. ein digitales Lernquiz mit Socrative (Lernstandsüberprüfung bei der Wochenplanarbeit mit automatisierter Kontrolle), digitale Checklisten, Feedback mit Edkimo und per Audio-Botschaft, Selbsteinschätzungen mit Mentimeter, prozessorientiertes Feedback über geteilte Dokumente, Peer-Feedback mit einem digitalen Protokoll sowie die Möglichkeit, mit Screencasts auf digitale Lernprodukte einzugehen.

Zu allen Beispielen soll abschließend darauf hingewiesen werden, dass die jeweiligen Tools austauschbar sind und vielmehr das Prinzip dahinter relevant ist (Selbsteinschätzung, Peer-Feedback, automatisierte Kontrolle, Audio-Botschaften, Verschriftlichung von Tipps etc.). Diese Prinzipien sind idealtypisch dargestellt, wie sie in einer ritualisierten Feedback-Kultur entfaltet werden können. So wünschenswert das langfristig ist, so schnell kann es für den Anfang überfordern. Aus diesem Grund soll noch einmal an die Tipps zum Einstieg aus Kapitel vier erinnert werden. Bevor komplexe Beispiele mit mehreren Schritten und Tools umgesetzt werden, ist es ratsam, Zwischenschritte mit einigen wenigen Tools anzustreben. Je nachdem, mit welchem Arrangement begonnen werden soll, sind die hier vorgestellten Tools lediglich Umsetzungsvorschläge. Wenn es technisch einfacher ist, auf alternative Webangebote sowie Apps auszuweichen oder an der eigenen Schule andere Programme etabliert sind, spricht nichts dagegen, diese zu verwenden. Welche notwendigen Schritte darüber hinaus an der Schule und im Kollegium eingeleitet werden könnten, um Feedback nicht bloß im eigenen Unterricht zu etablieren, sondern eine systematische Feedback-Kultur aufzubauen, soll Thema des letzten Kapitels sein.

9. Anregungen zur Etablierung einer digitalen Feedback-Kultur, die über den eigenen Unterricht hinausgeht

Das Kapitel in der Übersicht

- Feedback ist nicht nur ein Thema des Unterrichts einer einzelnen Lehrkraft, sondern ein zentrales Themenfeld der Schul- und Unterrichtsentwicklung.
- Aspekte der digitalisierungsbezogenen Schulentwicklung berühren neben didaktischen und technischen Aspekten Fragen der Fortbildung und Haltung von Lehrkräften.
- Feedback kann neben der Ebene des Unterrichtens auch an anderen Stellen des Schulentwicklungsprozesses erfolgreich eingesetzt werden (interne Evaluation, Rückmeldungen zum Führungsverhalten, Projektsteuerung etc.).
- Damit Lehrkräfte digitales Feedback einsetzen können, bedarf es systematischer Fortbildungsbemühungen zur Steigerung der digitalen Expertise.
- Zur Etablierung einer effektiven (digitalen) Feedback-Kultur gehört eine offene und angstfreie Gesprächskultur, um mit- und voneinander zu lernen.
- Um derartige Prozesse in Gang zu bringen, ist es wichtig, Kooperationen anzustoßen, Unterrichtserfahrungen zu teilen, Testzeiträume für Tools und Methoden zu vereinbaren und die Erfahrungen letztlich in Form von (wenigen) verbindlichen Aspekten in das Medienkonzept der eigenen Schule zu überführen.
- Schulentwicklung ist nachhaltig, wenn Vereinbarungen von möglichst vielen überzeugten Personen getragen werden sowie die Umsetzung realistisch und schaffbar ist.

Eine systematische Feedback-Kultur kann ihr Potenzial nur entfalten, wenn sie nicht an der eigenen Klassenzimmertür haltmacht. Feedback muss vielmehr als schulisches Prinzip klassen- und fachbereichsübergreifend entwickelt und als zentraler Baustein der Schulentwicklung verstanden werden. Dazu ist es notwendig, dass dies thematisiert und im Rahmen der schuleigenen Qualitätsentwicklung aufgegriffen wird. Feedback betrifft infolgedessen nicht mehr „nur" Lernende des eigenen Unterrichts, sondern ebenso Kolleginnen und Kollegen, die Schulleitung sowie die Erziehungspartnerschaft mit Eltern und Erziehungsberechtigten.

„Von einer tatsächlichen Feedback-Kultur kann dann gesprochen werden, wenn Feedback als Bestandteil der Unterrichtswirklichkeit vom überwiegenden Teil eines Kollegiums angenommen und umgesetzt wird."
(Wisniewski/Zierer 2018, S. 151)

Einsatzgebiete von Feedback in der Schul- und Unterrichtsentwicklung

- Feedback-Tools können u.a. als Analyseinstrumente für Prozesse der internen Evaluation eingesetzt werden, etwa bei Befragungen der Schulfamilie zur Schulqualität (z.B. mit FeedbackSchule oder IQES).
- Feedback kann in Gesprächssituationen zur Persönlichkeitsentwicklung Einzelner beitragen, etwa zwischen Kolleginnen und Kollegen bei der kollegialen Fallberatung oder Hospitation, aber auch bei Mitarbeitergesprächen.

- Feedback kann in unterschiedlichen Phasen der Projektplanung nützlich sein, etwa zwischen Schulleitung und einer Steuergruppe oder zwischen Steuergruppe und Kollegium (z. B. mit kollaborativen Online-Whiteboards).
- Auch Schulleitungen profitieren von regelmäßigen Rückmeldungen zum eigenen Führungsverhalten.

Ansätze für eine erfolgreiche digitalisierungsbezogene Schulentwicklung

Damit Feedback aus dem eigenen Unterricht hinaus in diese anderen Bereiche hineinwachsen kann, braucht es Mitstreiterinnen und Mitstreiter sowie eine Schulleitung, die die Bedeutung des Themas versteht und Feedback selbst als Prinzip der Zusammenarbeit kultiviert. Vor diesem Hintergrund sind die hier angestellten Überlegungen nicht mehr „nur" an Lehrkräfte zur Gestaltung des Unterrichts adressiert, sondern an alle Personen, die an Schulen mit Prozessen der digitalisierungsbezogenen Schulentwicklung zu tun haben. Die Aufgabe einer (digitalen) Feedback-Kultur muss damit in einen größeren Kontext gestellt werden und berührt Aspekte der Ausstattungsentwicklung, des kooperativen Miteinanders, der digitalen Organisation von Schule sowie der Fortbildung aller Beteiligten hinsichtlich technischer, pädagogischer und didaktischer Fragestellungen. Feedback und Evaluation werden zum „Treiber für die Entwicklung einer lernorientierten Schule (...). Sie sind mehr als eine Technik oder ein Tool, sie drücken eine Lernhaltung aus, die offen ist für Zuhören, Wahrnehmen, Lerndialoge und partnerschaftliches Lehren und Lernen" (Brägger/Posse 2021, S. 290).

Damit der Aufbau einer (digitalen) Feedback-Kultur als Aufgabe der Schulentwicklung gelingen kann, sollten mitunter folgende Faktoren mitberücksichtigt werden:

- Schulen benötigen eine flächendeckende Ausstattung mit WLAN für Lernende und Lehrkräfte.
- Für Schülerinnen und Schüler sollten ausreichend digitale Endgeräte zur Verfügung stehen (z. B. flexibel einsetzbare Tablet-Koffer, Laptop-Wägen oder Privatgeräte, die in der Schule genutzt und/oder im Rahmen einer 1:1-Ausstattung administriert werden).
- Lehrkräfte sollten mit eigenen Dienstgeräten arbeiten dürfen, mit denen die entsprechenden Apps und Plattformen auch ausprobiert werden können.
- Lehrkräfte benötigen weiterhin umfangreiche Fortbildungen zur Stärkung der digitalen Expertise (zur Nutzung von Feedback-Tools und zu anderen Themen). Hierbei erweisen sich Angebote vor Ort als besonders effektiv, weshalb Schulen gleichzeitig immer vor der Herausforderung stehen, Wissen in die eigene Institution hineinzuholen und Personen entsprechend zu ermutigen, dieses Wissen zu multiplizieren (vgl. Falck 2021). Als äußerst wirksam hat sich der Aufbau von sog. Digi-Teams erwiesen, die als digitalisierungsbezogene Steuergruppen alle entsprechenden Schulentwicklungsprozesse verantwortlich koordinieren.
- Für den schulischen Alltag bedarf es regelmäßiger Absprachen für die Nutzung bestimmter Apps, einer Definition eines schuleigenen Kanons sowie einer konzeptionellen Erfassung der Arbeit mit diesen Apps im Rahmen des Medienkonzepts. Dazu zählen u. a. Absprachen zum Erheben von Schüler-Feedback, um den eigenen Unterricht zu hinterfragen, blinde Flecke zu schließen und das schulische Angebot weiterzuentwickeln. Ferner sind datenschutzrechtliche Fragen zu beachten sowie an die Miteinbeziehung von Schulgremien, Eltern und den Personalrat zu denken.
- Insofern Lehrkräfte kostenpflichtige Angebote nutzen wollen oder sich das Kollegium auf die Nutzung einer Feedback-Plattform einigt (z. B. IQES), sollten in Absprache mit dem Schulträger Wege gefunden werden, Schullizenzen anzuschaffen.
- Um Lehrkräfte mit diesen Entwicklungen nicht alleinzulassen und möglichst viele im eigenen Team mitzunehmen, braucht es eine offene Kommunikation über Chancen und Risiken digitaler Medien im Unterricht. In diese Diskussion sollten auch Schülerinnen und Schüler sowie Erziehungsberechtigte miteinbezogen werden.

- Neben der Entwicklung digitalisierungsbezogener Kompetenzen bedarf es einer nachhaltigen Veränderung von Haltungen bei Lehrkräften, um den beschriebenen Rollenwechsel einzuleiten.

Tipps zur Etablierung einer (digitalen) Feedback-Kultur in der eigenen Schule

Der erste Schritt ist stets der schwierigste, besonders dann, wenn auch noch andere Personen davon zu überzeugen sind, Routinen aufzubrechen und neue Wege einzuschlagen. Wer jedoch für sich festgestellt hat, dass digitale Feedback-Tools lernförderlich eingesetzt werden können, und erste gute Erfahrungen im Unterricht gemacht hat, kann vielleicht die nötigen Impulse setzen, um weitere Teile des Kollegiums zu überzeugen. Dazu sollen ergänzend zu den Schulentwicklungsansätzen einige Tipps formuliert werden, wie Sie für Ihre Ideen werben können:

- Erzählen Sie von Ihren positiven Erfahrungen! Kaum etwas motiviert mehr als begeisterte Berichte von Kolleginnen und Kollegen – noch dazu, wenn die Umsetzung derart einfach ist.
- Bieten Sie an, Beispiele aus Ihrem Unterricht vor einer größeren Gruppe vorzustellen. Dazu braucht es keine perfekte Präsentation oder fundierte Forschungsergebnisse. Berichten Sie stattdessen aus Ihrer Erfahrung und zeigen das, was Sie mit Ihren Schülerinnen und Schülern gemacht haben.
- Teilen Sie Ihre Materialien. Gerade bei digitalen Feedback-Tools können diese einfach weitergegeben werden. Online-Pinnwände, -Whiteboards und die meisten Fragebögen können geteilt und dupliziert werden, sodass Kolleginnen und Kollegen diese sofort im eigenen Unterricht ausprobieren können.
- Suchen Sie Kolleginnen und Kollegen, die ähnliche Erfahrungen gemacht haben. Möglicherweise ergeben sich Kooperationen, neue Anregungen, der Austausch von Material etc.

- Bieten Sie an, einen Tagesordnungspunkt bei einer Konferenz zu übernehmen, um Ihre Ideen zum Aufbau einer digitalen Feedback-Kultur vorzustellen. Bei der Umsetzung von Schulentwicklungsprozessen ist es nicht zwingend nötig, dass Sie das ganze Kollegium überzeugen. Ausreichend ist es, wenn Sie eine „kritische Masse" (vgl. Wisniewski/Zierer 2018, S. 149) für Ihre Ideen begeistern können.
- Sprechen Sie mit Ihrer Schulleitung und/oder der Steuergruppe darüber, eine schulhausinterne Fortbildung zum Thema Feedback zu organisieren. Lehrkräfte benötigen ebenso wie Lernende eine Einführung in den Umgang mit der jeweiligen Software. Häufig lohnt es sich, Expertinnen und Experten als Unterstützung für die eigenen „Interessen" einzuladen.
- Bieten Sie Ihrem Kollegium an, einen Testzeitraum für ausgewählte Tools zu vereinbaren. Anschließend kann zu einem Reflexionstermin gesammelt werden, wer welche positiven Erfahrungen gemacht hat und wo noch nachgebessert werden müsste.
- Treffen Sie im Rahmen Ihrer Medienkonzeptarbeit verbindliche Entscheidungen, in welcher Form Feedback Teil der Schul- und Unterrichtskultur werden soll. Es ist empfehlenswert, nur wenige Punkte verbindlich festzuhalten, die dafür aber realistisch umzusetzen sind.
- Achten Sie darauf, dass das Thema immer wieder auf die Agenda kommt und nicht vergessen wird. Das gilt insbesondere für Übergangszeiten wie den Schuljahresbeginn, wenn neue Lehrkräfte an die Schule kommen und von den Absprachen noch nichts wissen.

Zusammenfassung

Lernförderliches Feedback kann zunächst als Auftrag an die einzelne Lehrkraft verstanden werden, die eigenen Schülerinnen und Schüler bestmöglich zu fördern. Gleichwohl entfaltet Feedback sein Potenzial am besten, wenn die Prozesse nicht nur punktuell eingesetzt werden, sondern Teil der Schul- und Unterrichtskultur sind. Damit ist gemeint, dass Feedback ritualisiert, systematisch und jahrgangsstufen- bzw.

fächerübergreifend zum Einsatz kommt. Darüber hinaus kann und sollte es für wechselseitige Prozesse zwischen Schulleitung und Kollegium oder innerhalb der Schulfamilie genutzt werden. Damit das gelingen kann, braucht es Personen, die das Thema an der Schule vorwärtstreiben, und eine Schulleitung, die mit gutem Beispiel vorangeht. Dabei geht es einerseits um technische Aspekte der digitalisierungsbezogenen Schulentwicklung (z. B. die WLAN-Verfügbarkeit), andererseits um pädagogische Fragestellungen. Zu guter Letzt wurden Tipps formuliert, die das Kollegium sowie Schulleitungen ermutigen sollen, sich auf den Weg zu machen und für gelungene Feedback-Ansätze (mit und ohne digitale Tools) zu werben.

10. Ausblick: Den blinden Fleck schließen …

Wie am Anfang des Buches beschrieben, gibt es beim Thema Feedback eine Diskrepanz zwischen einer empirisch gesicherten, hohen Wirksamkeit und der ausbaufähigen Umsetzung in der Schulpraxis. Die allermeisten Lehrkräfte wissen zwar um die Bedeutung formativer Rückmeldungen, doch trotzdem gelingt es (noch) nicht, Feedback ritualisiert und systematisch einzusetzen. Im Kontext dieser Diskrepanz lässt sich Feedback selbst als blinder Fleck der Schulpraxis beschreiben. Ein Fleck, der streng genommen nicht entdeckt, sondern ausgeleuchtet und geschlossen werden muss.
Dieses Buch soll ein Beitrag zu diesem pädagogischen Ausleuchten sein. Der Anspruch war es, Feedback in all seine (für die Praxis) relevanten Facetten zu zerlegen, die wichtigsten theoretischen Aspekte zu durchdringen, Grundregeln, Methoden und digitale Tools vorzustellen sowie diese in Überlegungen zum Aufbau einer Feedback-Kultur einzubetten. Mit dem Schwerpunkt auf digitale Feedback-Tools sollte deutlich gemacht werden, dass hierin eine besondere Chance gesehen wird, den blinden Fleck zu schließen.
Gleichzeitig möchte dieses Buch ein *call for action* sein, in dem Lehrkräfte Anregungen und Ideen finden, um im eigenen Unterricht loszulegen. Dabei genügen erst einmal kleine Schritte mit wenigen digitalen Tools und/oder klassischen Methoden. Wichtig ist, dass ein Anfang geschafft ist, Feedback aus der Nische der alltäglichen Interaktionen herauskommt und es bewusst eingesetzt wird, um Lernprozesse zu unterstützen. So kann Feedback aus dem einzelnen Klassenzimmer herauswachsen, um Teil einer systematischen Schul- und Unterrichtsentwicklung zu werden. Auch wenn die Möglichkeiten der einzelnen Lehrkraft beim Aufbau einer schulweiten Feedback-Kultur begrenzt sind, können Prozesse angestoßen, Good-Practice-Beispiele vorgeführt und die nötigen Abstimmungen im Kollegium angeregt werden.

… und Unterricht verändern!
Die Beschäftigung mit dem Thema Feedback ist eingebettet in Überlegungen zur konzeptionellen Gestaltung eines lernförderlichen Unterrichts. Hierzu zählt die angesprochene Öffnung des Unterrichts, aber auch die Erweiterung der Präsenzschule um Lernarrangements im digitalen Raum. Es geht also darum, Schülerinnen und Schülern optimale Bedingungen zum Lernen zu bieten, von denen Feedback ein selbstverständlicher Teil ist.
Feedback ist in einem aktivierenden und zeitgemäßen Unterricht mehr als nur eine Methode mit diesem oder jenem Tool. In auf Kreativität, Kollaboration und Kommunikation setzenden Lernarrangements entwickelt sich Feedback automatisch zum systematischen Lerncoaching weiter, bei dem Lehrkräfte ihre Lernenden Schritt für Schritt begleiten, beraten und ihnen zur Seite stehen – persönlich und fachlich. Ob dieser Unterricht letztendlich offener Unterricht genannt wird, Lernende in Projektformen arbeiten, „Lernjobs" erledigen oder ob Unterricht in Lernwerkstätten und mit individualisierten Lernplänen organisiert wird, spielt dabei nur eine untergeordnete Rolle. Feedback ist dann Teil der konstruktiven Lernbegleitung sowie Teil des gemeinsamen Dialogs über Lernen und Unterricht. In diesem Sinne kann es ein guter Einstieg sein, mit der ein oder anderen Methode und den hier vorgestellten digitalen Tools anzufangen und sich auf den Weg zu machen. Auf einen Weg, der damit beginnt, den blinden Fleck im eigenen Unterricht zu schließen.

Danksagung

Am Ende dieses Buches soll einigen Personen gedankt werden, ohne die diese Zusammenstellung nicht möglich gewesen wäre. Dazu sind zunächst die zahlreichen Vordenkerinnen und Vordenker zu nennen, deren Inspiration und Impulse ich verarbeiten durfte. Viele von ihnen finden sich im Literaturverzeichnis und ich kann ihnen nur unbekannterweise für ihre Ausführungen und Veröffentlichungen danken.
Gleichwohl sind einige von ihnen doch so etwas wie Bekannte geworden, die u.a. den pädagogischen Diskurs im *#twitterlehrerzimmer* um immer wieder neue Perspektiven bereichern. Und auch wenn dieser Diskurs manchmal mit härteren Bandagen geführt wird, so war und ist diese Community doch ein steter Quell an neuen Ideen für meine eigene berufliche Weiterbildung. Diese Inspiration möchte ich nicht mehr missen und werde deshalb nicht müde, bei Lehrkräften und im pädagogischen Kontext tätigen Personen für das *#twitterlehrerzimmer* und dessen Protagonistinnen und Protagonisten zu werben. Es lohnt sich, dort mitzulesen, mitzudiskutieren und als Lernender davon zu profitieren, was andere teilen.
Und dann gibt es noch einige Kollegen, die mich in der Vorbereitung und während des Schreibens persönlich begleitet haben. Der im Buch zitierte Lehrer Hauke Pölert etwa hat mich zu verschiedenen Zeitpunkten mit Rückmeldungen und Ideen unterstützt. Hinzu kommt mein Kollege Jörg Schreiber, der seinerseits als Experte für zeitgemäßes digitales Unterrichten Ideen und Erfahrungen aus seinem Fundus beigetragen hat und immer für Nachfragen und Korrektur zur Verfügung stand. Es ist ein großes Glück, von eurer Erfahrung und eurer Arbeit profitieren zu dürfen.
Und zuletzt bleibt mir noch, meiner Frau Irina Danke dafür zu sagen, dass sie es ausgehalten hat, dass ihr Mann jetzt auch noch ein Buch schreiben musste, und sie ihm immer den Rücken freigehalten hat. Ohne sie wäre es wohl nichts geworden.

Literatur und Internetquellen

- Albers, A. (2022): Lernen konstruktiv unterstützen. In: PÄDAGOGIK 9/2022. S. 6-13. Weinheim und Basel: Beltz Verlag.
- Bastian, J./Combe, A./Langer, R. (2016): Feedback-Methoden. Erprobte Konzepte, evaluierte Erfahrungen. Weinheim und Basel: Beltz Verlag.
- Blume, B. (2022): Deutschunterricht digital. Vom didaktischen Rahmen zur praktischen Umsetzung. Weinheim und Basel: Beltz Verlag.
- Brägger, G. (2022): Lernförderliches Feedback. In: PÄDAGOGIK 9/2022. S. 14-24. Weinheim und Basel: Beltz Verlag.
- Brägger, G./Posse, N. (2021): Digitales Feedback und Online-Evaluation für das Lernen fruchtbar machen. In: Brägger, G./Rolff, H.-G. (Hrsg.): Handbuch Lernen mit digitalen Medien. Weinheim und Basel: Beltz Verlag. S. 286-334.
- Braungardt, K. (o. J.): Feedback-/Interaktions-Möglichkeiten in Moodle. URL: https://el.rub.de/corona/wp-content/uploads/2020/05/Feedbackmöglichkeiten-Moodle.pdf (zuletzt aufgerufen am 07.09.2022).
- Brüning, L./Saum, T. (2007): Erfolgreich unterrichten durch Kooperatives Lernen. Strategien zur Schüleraktivierung. Essen: Neue Deutsche Schule Verlagsgesellschaft.
- Buhren, C. G. (2015): Handbuch Feedback in der Schule. Weinheim und Basel: Beltz Verlag.
- Buhren, C./Rolff, H.-G. (2021): Digitales Feedback. In: Brägger, G./Rolff, H.-G. (Hrsg.): Handbuch Lernen mit digitalen Medien. Weinheim und Basel: Beltz Verlag. S. 334-360.
- Drabe, M. (o. J.): Feedback. URL: https://schule-in-der-digitalen-welt.de/feedback/ (zuletzt aufgerufen am 15.09.2022).
- Eichler-Seitz, A./Frommer, M. (2021): Praxisbeispiele zu Peer-Feedback und Feedback von Lehrenden. In: Klee, W./Wampfler, P./Krommer, A. (Hrsg.): Hybrides Lernen. Zur Theorie und Praxis von Präsenz- und Distanzlernen. Weinheim und Basel: Beltz Verlag.
- Falck, J. (2021): Die Multiplikation der guten Ideen. Über schulbezogene Fortbildungsreihen im Netz. URL: https://joschafalck.de/multiplikation-ideen/ (zuletzt aufgerufen am 16.09.2022).
- Hattie, J./Zierer, K. (2017): Visible Learning. Auf den Punkt gebracht. Baltmannsweiler: Schneider Verlag Hohengehren.
- Hattie, J./Zierer, K. (2018): Kenne deinen Einfluss. Visible Learning für die Unterrichtspraxis. Baltmannsweiler: Schneider Verlag Hohengehren.
- Hirsch, N. (2020): Feedback in der Kultur der Digitalität. URL: https://ebildungslabor.de/blog/feedback/ (zuletzt aufgerufen am 15.09.2022).
- Käfer, J./Herbein, E./Fauth, B. (2021): Formatives Feedback im Unterricht. Wirksamer Unterricht Band 5. In: Institut für Bildungsanalysen Baden-Württemberg (IBBW) (Hrsg.): Reihe Wirksamer Unterricht. URL: https://ibbw.kultus-bw.de/site/pbs-bw-km-root/get/documents_E-772567796/KULTUS.Dachmandant/KULTUS/Dienststellen/ibbw/Empirische%20Bildungsforschung/Programme-und-Projekte/Wirksamer_Unterricht/Wirksamer_Unterricht-Band_5_Kaefer-Herbein-Fauth_Kognitives_Lernen.pdf (zuletzt aufgerufen am 14.03.2022).
- Klee, W./Wampfler, P./Krommer, A. (Hrsg.) (2021): Hybrides Lernen. Zur Theorie und Praxis von Präsenz- und Distanzlernen. Weinheim und Basel: Beltz Verlag.
- Lindström, J. (2019): Zeitgemäßer Unterricht, Bullshit-Bingo und ein kleines bisschen TPACK. URL: https://jenslindstroem.de/2019/04/16/zeitgemaesser-unterricht-bullshit-bingo-und-ein-kleines-bisschen-tpack/ (zuletzt aufgerufen am 26.09.2022).
- Maitzen, C. (2020): Feedback-Kultur in der Schule. Profi-Tipps und Materialien aus der Lehrerfortbildung. Augsburg: Auer Verlag.
- Nölte, B. (2021): Lernförderliches Feedback mit digitalen Tools. In: PÄDAGOGIK 5/2021. S. 25-29. Weinheim und Basel: Beltz Verlag.
- Pölert, H. (2021): Feedback digital – Feedback in einer Kultur der Digitalität. URL: https://unterrichten.digital/2021/01/04/feedback-digital-methoden-tools/ (zuletzt aufgerufen am 16.09.2022).
- Pölert, H. (2022): Evaluation und Feedback als Werkzeuge von Schulentwicklung – Tools und Plattformen für Schul- und Unterrichtsentwicklung – Teil I. URL: https://unterrichten.digital/2022/07/18/evaluation-feedback-schulentwicklung/ (zuletzt aufgerufen am 15.09.2022).
- Rolff, H.-G. (2022): „Ich denke nicht, dass es digitale Bildung gibt, wohl aber digital gestütztes Lernen." – Ein Interview mit Prof. Rolff. URL: https://www.einfachdigitallernen.de/lehrkraefte/ich-denke-nicht-dass-es-digitale-bildung-gibt-wohl-aber-digital-gestuetztes-lernen-ein-interview-mit-prof-rolff/?fbclid=IwAR0759pCysqSLJU2V7sse9jdpK8vLc2u6k-DHKNRwB7DcQqO6xyP-VjQqfZc (zuletzt aufgerufen am 15.09.2022).

- Sambeth, K. (2022): Digitale Feedbackmethoden. URL: https://kms-b.de/2022/02/27/digitale-feedbackmethoden/ (zuletzt aufgerufen am 07.09.2022).
- Thiede, D. (o. J.): Datenschutz-Schule.info. Datenschutz ist ein Grundrecht – auch in der Schule. URL: https://datenschutz-schule.info (zuletzt aufgerufen am 25.09.2022).
- Wampfler, P. (2017): Zeitgemäßes Lernen. In: Wampfler, P: Schule Social Media, 31.10.2017. URL: https://schulesocialmedia.com/2017/10/31/grafik-zeitgemaesses-lernen/ (zuletzt aufgerufen am 16.09.2022).
- Wampfler, P. (2022): Warum alles Feedback formativ sein sollte. URL: https://beurteilung.ghost.io/warum-alles-feedback-formativ-sein-sollte/ (zuletzt aufgerufen am 15.09.2022).
- Wilkening, M. (2016): Praxisbuch Feedback im Unterricht. Lernprozesse reflektieren und unterstützen. Weinheim und Basel: Beltz Verlag.
- Winter, F. (2021): Welches Feedback ist lernförderlich? In: PÄDAGOGIK 5/2021. S. 6-11. Weinheim und Basel: Beltz Verlag.
- Wisniewski, B./Zierer, K. (2017): Schülerfeedback ist nicht gleich Schülerfeedback. In: PÄDAGOGIK 11/2017. S. 38–42. Weinheim und Basel: Beltz Verlag.
- Wisniewski, B./Zierer, K. (2018): Visible Feedback. Ein Leitfaden für erfolgreiches Unterrichtsfeedback. Baltmannsweiler: Schneider Verlag Hohengehren.

Digitale (Feedback-)Tools, auf die im Buch eingegangen wird:

- Ascensio System SIA (2022): ONLYOFFICE. URL: https://www.onlyoffice.com/de/
- Conceptboard Cloud Service GmbH (2021): Conceptboard. URL: https://www.conceptboard.com
- dSign Systems GmbH (o. J.): TaskCards. URL: https://www.taskcards.de/#/home/start
- Edkimo GmbH (o. J.): Edkimo. Lernen gestalten. URL: https://edkimo.com/de/
- Formativ (o. J.): GoFormative. URL: https://app.formative.com
- IQES online (o. J.): IQES online. URL: https://www.iqesonline.net
- Kahoot! (2022): Kahoot!. URL: https://kahoot.com/de/
- Költzsch, D. (o. J.): FindMyTool. URL: https://find-my-tool.io/collection#feedback-&-umfragen
- LE Commsulting GmbH (o. J.): Quiz Academy. URL: https://quizacademy.de
- Learning Snacks GmbH (o. J.): Learning Snacks. URL: https://www.learningsnacks.de
- LearningApps (o. J.): LearningApps – interaktive Lernbausteine. URL: https://learningapps.org
- Loom, Inc. (2022): Loom. URL: https://www.loom.com
- Mayr, C. (o. J.): HyFee. URL: https://hyFee.de
- Mentimeter AB (o. J.): Mentimeter. URL: https://www.mentimeter.com/
- Microsoft Corporation (o. J.): Microsoft 365. URL: https://www.microsoft.com/de-de/microsoft-365?rtc=1
- Moodle™ (o. J.): Moodle. URL: https://moodle.org
- Müller, O. (o. J.): ONCOO. Online kooperieren. URL: https://www.ONCOO.de
- Niedersächsisches Landesinstitut für schulische Qualitätsentwicklung (NLQ) (o. J.): Kits. Kompetent in Sprache und Technik. URL: https://kits.blog
- OpenAI (2015-2023): ChatGPT. URL: https://chat.openai.com/chat
- QRCode Monkey GmbH (o. J.): Qrcodemonkey. URL: https://www.qrcode-monkey.com/de/
- Quizlet Inc. (o. J.): Quizlet. URL: https://quizlet.com/de
- Qwiqr Education Ltd. (o. J.): Qwiqr. URL: https://qwiqr.education
- RealtimeBoard Inc. (2021): Miro. Version 3.8.0. URL: https://www.miro.com
- Showbie Inc. (2022): Socrative. URL: https://www.socrative.com
- Softwarea GmbH (o. J.).: FeedbackSchule. URL: https://wp.feedbackschule.de
- SR Solutions ag (o. J.): EduPad. URL: https://edupad.ch
- Tweedback GmbH (o. J.): Tweedback. URL: https://tweedback.de
- Visual Education Ltd (o. J.): Wordwall. URL: https://wordwall.net/de
- Wallwisher, Inc. (o. J.): Padlet. URL: https://padlet.com
- Wooclap SA (o. J.): Wooclap. URL: https://www.wooclap.com/de/
- Zentrale für Unterrichtsmedien im Internet e. V. (o. J.): ZUMPad. URL: https://www.zum.de/portal/

